AF465413

RÉPONSE

DES DEUX COMMISSIONS

DÉSIGNÉES PAR LES CONSEILS MUNICIPAUX

des communes

D'AVESNIÈRES ET GRENOUX

AU MÉMOIRE

Sur le projet d'Annexion

DE TOUT OU PARTIE DE CES COMMUNES

A LA VILLE DE LAVAL.

LAVAL

Typographie de Léon MOREAU, rue du Lieutenant.

1862.

RÉPONSE

DE LA COMMISSION

DU CONSEIL MUNICIPAL DE GRENOUX

AU MÉMOIRE

Sur le projet d'Annexion

A LA VILLE DE LAVAL

DE TOUT OU PARTIE DES COMMUNES

D'AVESNIÈRES, GRENOUX ET CHANGÉ.

Désignés par le Conseil municipal de Grenoux pour faire un rapport, en ce qui touche particulièrement cette commune, sur le projet d'annexion à la ville de Laval, de tout ou partie des communes d'Avesnières, Grenoux et Changé, nous avons, à la date du 18 décembre dernier, soumis notre travail à ce Conseil. Notre tâche avait eu pour but de discuter le rapport d'une première commission du Conseil municipal de Laval. Nous la croyions accomplie, mais la discussion n'a pas parue épuisée et une nouvelle commission, composée des membres du Conseil municipal et des plus imposés de la ville de Laval, a été chargée de présenter un rapport sur l'ensemble des questions que soulève le projet de l'administration municipale de cette ville. Ce rapport vient d'être livré à la publicité et nous nous voyons, bien à regret, contraints de rentrer dans le débat. En présence des appréciations trop bienveillantes de l'honorable auteur de ce rapport, au sujet de notre précédent travail, ce serait avec bonheur que nous voudrions qu'il nous fût permis de nous abstenir. Mais nous ne pouvons déserter le devoir auquel nous oblige le mandat qui nous a été confié. Les intérêts les plus chers de nos concitoyens sont en cause, il s'agit d'une question de vie ou de mort pour notre commune. Nous sommes appelés à la défendre et nous ne devons pas hésiter à le faire.

Dans un langage élevé, l'auteur du nouveau Mémoire pose en principe qu'il est du devoir des bons citoyens d'appeler de tous côtés la lumière, de rechercher la vérité, de manifester librement une opinion consciencieuse et mûrement réfléchie. Ces sentiments de haute convenance et d'équité sont pour nous un puissant encouragement. Nous sommes d'ailleurs convaincus que notre cause est juste, et nous nous efforcerons d'apporter en la plaidant la bonne foi et la modération dont le Mémoire nous donne l'exemple.

Notre précédent rapport n'ayant pas été rendu public, nous devrons en reproduire certains passages lorsqu'ils nous sembleront répondre à des observations ou à des assertions déjà énoncées. On ne perdra pas de vue que les citations que nous ferons ont été écrites sous l'impression d'un premier rapport dont on paraît faire actuellement bon marché, car il n'en est plus question dans le travail de la nouvelle commission.

On laisse également de côté dans ce travail l'historique des tentatives d'annexion faites à diverses époques. Nous croyons utile de reproduire ce que nous avons dit à ce sujet. Les principes posés dans les décisions mentionnées de l'administration supérieure sont la sauvegarde des droits des communes, et nous ne devons pas manquer de les rappeler. C'est dans les termes suivants que nous avons répondu à la première commission.

« Avant d'entrer dans l'examen et la discussion des change-
» ments projetés par la ville de Laval dans sa circonscription
« territoriale, M. le rapporteur de la commission urbaine s'est
« livré à un historique des projets analogues présentés à
« diverses époques avec plus ou moins d'extension. Nous
« reconnaissons volontiers que les tentatives de la ville de
« Laval de s'agrandir aux dépens des communes qui l'avoi-
« sinnent, ne sont pas nouvelles. Mais nous ferons observer
« que l'historique mentionné manque d'exactitude, en ce
« qu'il montre comme simplement abandonnés par la ville,
« des projets qui, à plusieurs reprises, ont été rejetés par
« l'administration supérieure. Nous croyons devoir rétablir
« les faits afin que l'on puisse juger si le projet actuel réunit
« les conditions d'adoption posées par l'administration.

« Dès 1806 un projet d'agrandissement fut repoussé par
« le gouvernement, par ces motifs qu'*il y a beaucoup d'in-*
« *convénients à ce que les villes aient un grand territoire*
« *rural et que l'on ne doit réunir des communes que lorsqu'elles*
« *ne renferment qu'une population peu nombreuse*, *lorsque*
« *leurs revenus sont insuffisants pour leurs dépenses*, *ou lors-*

« *qu'il ne s'y trouve pas des hommes capables de remplir les*
« *fonctions municipales.*

« Nous ignorons l'étendue de ce projet, mais les termes « du rejet font voir qu'il s'agissait de la réunion de l'une ou « de plusieurs des communes limitrophes.

« Cinq ans plus tard, la ville présente un nouveau projet ; « elle a compris néanmoins qu'en présence de la décision de « 1806 elle devait restreindre sa demande : il ne s'agit plus « cette fois d'englober des communes entières, mais de « simples portions de leurs territoires.

« Cette demande est également repoussée. Nous avons « eu sous les yeux extrait d'une lettre de M. le Ministre de « l'intérieur à M. le baron Harmand, Préfet de la Mayenne, « en date, à Amsterdam, du 16 octobre 1811. On lit dans « cette lettre :

« *En principe, les villes ne doivent pas être agrandies au* « *préjudice des communes rurales, et il n'y a d'exception à* « *cette règle que lorsqu'il y a seulement échange de terrains* « *et que les parties sont d'accord sur la compensation. Cet* « *accord n'existe pas entre Laval et les communes de Changé,* « *Grenoux et Avesnières, etc.*

« En 1844, un projet d'adjonction à la ville de portions « du territoire de ces trois communes est déposé et soumis « aux enquêtes; mais il n'a pas d'autre suite, sans doute « parce que les nombreuses oppositions et réclamations dont « il fut l'objet, démontrèrent à l'administration de l'époque « que son adoption était contraire aux véritables intérêts « urbains.

« Enfin le rapport de la commission rappelle qu'en 1856 « on a proposé d'annexer les communes presqu'en entier, de « supprimer en un mot Avesnières et Grenoux. Une question « toutefois fait ajourner le projet. Dès cette époque on « craint que l'annexion ne porte le chiffre de la population de « Laval au-delà de 20,000 ames, et par suite, n'entraîne une « augmentation dans les impôts sur les patentes.

« *L'accroissement constant de la population,* dit le rapport, « *donne la certitude qu'au prochain recensement le chiffre* « *dépassera 20,000 âmes et l'obstacle résultant de l'augmentation sur les patentes se trouvera levé naturellement; on* « *attend le recensement de 1861.*

« *Le résultat prévu est obtenu, rien ne peut entraver la* « *reprise de l'affaire.* »

Telle est en ce moment, disions-nous alors, la situation de la question sur laquelle vous avez appelé votre commission à vous faire un rapport. Depuis cette époque, le nouveau Mémoire dont il est fait mention ci-dessus a été mis sous les yeux du public et c'est ce document qui fait actuellement l'objet de notre travail.

Nous abordons l'examen des inconvénients et des avantages du projet, tant au point de vue de l'intérêt de la ville que de celui des communes à annexer.

M. le rapporteur de la première commission s'était efforcé de démontrer que la ville de Laval n'avait, pécuniairement parlant, rien à craindre ou à attendre de l'annexion. Exagérant d'une part les ressources apportées par les communes et diminuant d'un autre côté les dépenses résultant de l'annexion, il arrivait à un équilibre parfait. Le nouveau Mémoire admet de nouvelles bases d'appréciation plus conformes à nos vues. Nous observerons toutefois que ce Mémoire mentionne encore, comme ressource, le produit évalué à 9,904 fr. 80 c., de 20 centimes extraordinaires à imposer au principal des quatre contributions directes des communes annexées. Nous répèterons que nous n'admettons point que l'on puisse compter comme augmentation de ressources le produit d'une imposition extraordinaire de 20 centimes basée sur les contingents des communes. Une semblable imposition ne peut être considérée comme devant avoir une durée illimitée. Ce n'est pas là l'état normal d'une ville. L'application des voies économiques dans lesquelles le gouvernement vient de témoigner l'intention de faire rentrer les communes, enlèvera l'augmentation de 9,904 fr. 80 c. dont il s'agit. Remarquons en passant, d'ailleurs, que dans ce chiffre figure une somme de 2,261 fr. provenant de l'augmentation de 11,306 fr. dans le contingent de l'impôt des portes et fenêtres de Laval, ce qui constitue une nouvelle charge à supporter en entier par la ville.

Le boni accusé de 24,649 fr. 80 c., que l'on considère déjà comme douteux, doit donc être réduit de la somme de 9,904 fr. 80 c., et il disparaît évidemment si l'on tient compte de ce que, dans l'augmentation des crédits des divers services, évaluée à 31,000 fr., de nombreuses omissions ou atténuations de dépenses ont été faites. Nous les signalerons de nouveau, puisque le chiffre de 31,000 fr. a été maintenu dans le Mémoire qui nous occupe.

La dépense pour l'éclairage a été calculée proportionnellement à la population. Nous critiquons cette base de calcul : elle est évidemment fausse ; dès qu'il s'agit de s'éloigner du centre de la ville, la dépense devient relativement beaucoup plus considérable, à raison d'une population disséminée sur une plus grande étendue.

On porte 1,000 fr. seulement pour secours au bureau de bienfaisance, tout en avouant que les communes ont dépensé, en 1860, 1,700 fr. On ajoute, il est vrai, qu'elles ont des rentes sur l'Etat ou sur des particuliers destinées à payer ces secours et que ces rentes deviendront la propriété de la nouvelle commune. Mais on ne tient pas compte de cette considération qu'après l'annexion les habitants des communes, écrasés sous une lourde augmentation d'impôts, seront moins disposés à venir en aide aux malheureux, et que le bureau de bienfaisance devra pourvoir à des besoins plus grands.

Le chiffre de 1,000 fr. doit donc être regardé comme insuffisant.

Les recettes augmenteront ; les remises du receveur municipal, à raison de ces recettes, ne figurent point dans le compte.

La compagnie des pompiers recrutera certainement plusieurs membres dans les communes annexées ; le fonds alloué pour le service de cette compagnie et la création d'une caisse de secours devra donc subir une augmentation.

Les acquisitions de terrains pour le service de la voirie augmenteront proportionnellement à la plus grande étendue du territoire de la ville.

Le secours alloué au profit des petites sœurs des pauvres ne peut manquer non plus d'être augmenté.

La dépense des aliénés des communes sera doublée, attendu que ces dernières paient un chiffre de subvention inférieur de moitié à celui des villes.

La ville, eu égard à son agrandissement, devra créer un plus grand nombre de bourses communales au Lycée.

Les dépenses relatives aux écoles des frères sont grossies de 2,000 fr. Nous ne voyons pas pourquoi une semblable allocation n'est pas également portée au profit des sœurs institutrices.

Enfin, il y aura nécessité de placer un quatrième vicaire à l'église de Notre-Dame. Cette dépense a été également omise.

L'ensemble des dépenses nouvelles dépassera donc notablement, comme on vient de le voir, le chiffre accusé de 31,000 fr.

Nous avions soutenu que la ville ne peut avoir de profit sur les ressources des communes ; qu'elle doit leur rendre en embellissements, en améliorations, en bienfaits de toute nature, les produits qui leur sont afférents. Prendre aux communes 50,000 f. pour leur en rendre simplement 25,000 serait, disions-nous, une inique spoliation ; la ville ne peut les traiter ainsi en peuple conquis ; nous faisions appel à la conscience des honnêtes gens. Cet appel n'a pas été sans être entendu : on n'hésite plus à dire que quel que soit l'excédant des ressources provenant des communes annexées, cet excédant tout entier devra être employé dans l'intérêt de ces communes *jusqu'à ce que leurs habitants aient reçu toutes les satisfactions qu'ils sont en droit d'attendre.*

Nous ne laisserions pas cette dernière réserve sans observations, si nous croyions à des excédants de ressources; mais les améliorations promises ne peuvent jamais laisser à la ville de profit sur les revenus des communes. Nous maintenons d'ailleurs les principes d'équité que nous venons d'énoncer.

Nous ne nous arrêterons pas plus longtemps sur cette question. Il est entendu que ce n'est pas dans le but de battre monnaie aux dépens des communes que la ville doit envisager la mesure. Il est donc constaté qu'elle supportera seule l'augmentation résultant de l'annexion, dans l'impôt des portes et fenêtres.

Cette augmentation est évaluée, dans le nouveau Mémoire, à une somme de 11,306 fr. Mais il faut ajouter à ce chiffre le montant des centimes additionnels généraux et départementaux. Ces centimes étaient évalués, au premier rapport, à 25 c. 75 p. %. C'était une erreur, car ils s'élèvent en réalité à 45 c. 58. Leur produit donne une augmentation de 5,153 fr., qui porte à 16,459 fr. la charge annuelle des portes et fenêtres comprise pour une somme de 14,217 fr. dans le premier rapport et réduite à 11,306 fr. dans le dernier. Si on ajoute encore le montant des centimes communaux, qui est de 21 p. %, et donne 2,374 fr., on arrive à une augmentation totale de 18,833 fr. Hâtons-nous de dire toutefois que la somme de 2,374 fr. serait perçue au profit de la caisse municipale et que cette contribution n'a qu'un inconvénient, celui de frapper une classe particulière de contribuables.

Nous ne parlerons ci-après que des centimes généraux et départementaux, s'élevant à 45 c. 58 p. % et qui sont en pure perte pour la ville. Ils doivent être également ajoutés à chaque augmentation relative aux ouvertures des maisons. Ainsi, au-dessus de cinq, l'augmentation par chaque ouverture, évaluée à 30 c., sera réellement de 43 c. 67.

Une maison de dix ouvertures subira une augmentation de 4 fr. 37, et non de 3 fr., ainsi que l'indique le Mémoire.

Enfin les portes cochères, charretières et de magasin, dont il n'est nullement parlé et qui paient actuellement, d'après le tarif, 7 fr. 40 c., paieront, après l'annexion, 11 fr. 20 c. C'est une différence de 3 fr. 80 c., à laquelle il faut ajouter 1 fr. 73, résultant des centimes généraux et départementaux, ce qui élève à 5 *fr.* 53 *c.* l'augmentation pour chaque porte cochère et *de magasin*.

Le contribuable paiera, en outre, pour chacune des augmentations résultant du changement de tarif, 21 p. % à raison des centimes communaux actuellement existants, mais le produit de cette augmentation demeure acquis à la ville.

En définitive, l'impôt afférent aux portes cochères et *de magasins*, dont nous venons de parler, sera en totalité de 18 fr. 65 c.

Que l'on nous pardonne ces relevés arides de chiffres, mais ils ont leur valeur, et pour justifier nos calculs, basés sur le montant des centimes additionnels au principal de l'impôt des portes et fenêtres dont il s'agit, nous croyons utile d'en donner le détail.

Au profit de l'Etat :

Centimes généraux sans affectation spéciale...	15 c.	80
Fonds de non-valeurs....................	3	»
Total à reporter.....	18	80

Report........	18	80
Au profit du département :		
Impositions départementales extraordinaires..	19 c.	»
Centimes spéciaux pour chemins vicinaux....	5	»
Idem pour l'instruction primaire.	2	»
Fonds de non-valeurs....................	»	78
	45	58
Au profit de la ville :		
Impositions communales extraordinaires.....	16 c.	»
Centimes spéciaux pour l'instruction primaire.	2	»
Centimes spéciaux pour chemins vicinaux....	3	»
Total..................	66 c.	58

On dit que l'ensemble de la charge dont nous venons de nous occuper a peu d'importance. Nous ne partageons pas cette opinion.

La ville de Laval est en ce moment grevée de 16 centimes extraordinaires jusqu'en 1873 inclusivement. Tout récemment, pour l'exécution de travaux d'utilité publique, elle a voulu porter à 20 centimes, jusques et y compris 1878, les charges à supporter par les contribuables; mais, sur les observations du gouvernement, qui a pensé que cette situation financière laissait à désirer, le Conseil municipal a déclaré ajourner une partie de ses projets, et l'imposition nouvelle, qui devait être de 4 centimes pendant douze ans, a été réduite à 2 centimes, et celle qui devait être de 20 c. pendant les cinq années suivantes, a été réduite à 15. La ville a hésité, et avec raison, à s'imposer quelques centimes pendant un certain nombre d'années, pour des travaux utiles, et l'on voudrait qu'elle ne craignît pas de supporter *indéfiniment* une charge représentant une imposition extraordinaire de plus de 7 centimes 1/2; car le produit d'un centime à Laval étant de 2,155 fr., le chiffre de 16,459 fr. résultant de l'augmentation des portes et fenêtres, équivaut à une imposition extraordinaire dépassant 7 centimes 1/2. Et, faisons-le remarquer, cette charge ne profitera aucunement aux travaux de la ville et elle sera d'autant plus lourde qu'elle n'atteindra qu'une classe particulière : celle des locataires, auxquels incombe l'impôt des portes et fenêtres, aux termes de la loi.

Maintenant examinons à quelle époque commencera l'application de cétte augmentation d'impôt. L'auteur du Mémoire nous dit qu'elle n'aura lieu qu'à partir du 1er janvier 1868. Nous craignons que l'on ne se fasse illusion.

L'instruction de M. le directeur général des contributions directes, en date du 31 juillet 1858, après avoir rappelé que, lorsque le dénombrement fera passer une commune dans une catégorie supérieure à celle dont elle faisait précédemment partie, l'augmentation du droit fixe sur les patentes ne sera appliqué que pour moitié pendant les cinq premières années, ajoute, article 13 :

« Les tempéraments, objet des dispositions qui précèdent,
« n'ayant été prescrits par la loi que pour les cas de change-
« ments de catégorie résultant du mouvement naturel de la
« population, il n'y a pas lieu de les appliquer lorsque le
« changement est le résultat *de réunions de communes*. Les
« patentables des communes nouvellement constituées doi-
« vent être imposées d'après le tarif afférent *à leur nouvelle*

« *population* aussitôt que ce tarif peut être appliqué dans les » rôles, ce qui doit ordinairement avoir lieu dans l'année « qui suit immédiatement l'acte qui a prononcé la réunion. »

Il ne nous paraît pas douteux que pareille disposition soit applicable à l'impôt des portes et fenêtres, puisque les raisons de décider sont les mêmes dans l'un comme dans l'autre cas. Si la nouvelle population doit compter pour l'assiette de l'impôt des patentes, pourquoi en serait-il autrement à l'égard de celui des portes et fenêtres. C'est donc immédiatement, sauf le délai nécessaire pour que le Corps Législatif puisse augmenter le contingent et le Conseil général et celui d'arrondissement en faire l'attribution, que la ville de Laval aura à supporter cette charge.

Nous venons de parler de l'un des inconvénients de l'annexion, le public appréciera s'il est de bien peu d'importance, comme on le dit.

Nous en avions signalé un second. Nous avions dit : « Prenez garde, bientôt votre ville arrivera à 30,000 âmes « et vous aurez à payer de nouveaux impôts. » Nos adversaires répondent qu'ils appellent de tous leurs vœux ce que nous redoutons. Toutefois, comme les patentables peuvent ne pas envisager la question au même point de vue, ils se hâtent d'ajouter que l'on doit se rassurer ; que la population sédentaire ou municipale compte seule pour l'assiette de l'impôt, et que, suivant sa progression normale, elle ne peut atteindre avant vingt ans le chiffre de 30,000 âmes.

Nous allons démontrer sans réplique que cette assertion manque d'exactitude.

La population sédentaire ou municipale était, pour Laval, Avesnières et Grenoux :

En 1851, pour Laval, de.....	17,538;	en 1861, de	20,535
—	Avesnières, de.	2,952;	—	3,366
—	Grenoux, de..	1,410;	—	1,725
	Totaux..........	21,900		25,626

La différence ou l'augmentation en dix années a donc été de 3,726. Combien donneront dans une même période 25,626, soit la proportion suivante :

21,900 : 3,726 :: 25,626 : 4,359

C'est donc une augmentation de 4,359, qui portera à 29,985 habitants la population des communes de Laval, Avesnières et Grenoux, à un second recensement, même en ne tenant aucun compte de la loi de progression.

Si l'on ajoute à ce nombre les quelques centaines de personnes de la partie à annexer du territoire de Changé, on atteint un chiffre supérieur à 30,000 âmes où de nouvelles charges frapperont les habitants.

L'impôt des patentes augmentera de nouveau, et dans une progression sérieuse. Si l'on consulte le tableau annexé à la loi du 25 avril 1844, on voit que le droit fixe d'une patente de première classe,. pour celles des professions qui sont imposées, eu égard à la population, est de 80 fr. dans une ville de 15 à 20,000 âmes ; qu'il est de 120 fr. dans une ville ne 20 à 30,000 et de 180 fr. dans les villes de 30 à

50,000. Une augmentation proportionnelle frappe également les patentables des autres classes.

Ainsi un patentable de première classe verrait son droit fixe augmenter de 60 fr. ; mais il faut ajouter encore à cette somme celle résultant des centimes additionnels qui frapperont ladite augmentation et dont le chiffre à Laval est actuellement de 65 c. 81, ce qui porte en totalité l'augmentation à 99 fr. 49 c.

Enfin il faudra pourvoir à la dépense d'un commissaire de police central et de deux commissaires cantonaux : c'est là du moins ce qu'indique le rapport de la première commission.

Nos adversaires désirent l'accroissement de la population, parce qu'il est le signe de la richesse publique et le principal élément de prospérité d'un pays. Nous ne nions pas la valeur de ces brillantes théories, mais assurément elles ne peuvent être invoquées dans l'espèce. La réunion que l'on veut faire de populations qui existent déjà n'est pas un accroissement réel de population, il est tout simplement factice et ne présente qu'un progrès mensonger.

Quand beaucoup de villes tendent à dissimuler le chiffre vrai de leur population pour éviter un honneur coûteux, nous avons peine à comprendre que la ville de Laval veuille grossir le sien à tout prix.

Nous venons de signaler les charges que l'annexion imposerait aux habitants de Laval ; nous allons examiner les prétendus avantages de la mesure. Laval sera grande ville, nous dit-on.

La ville de Laval sera, après l'annexion, ce qu'elle est aujourd'hui, sinon qu'elle possèdera un plus grand territoire rural et qu'elle comptera un chiffre de population plus élevé. Son importance nouvelle sera purement nominale et ne lui donnera qu'une satisfaction stérile. Il n'y aura de réel que des charges nouvelles et la vie y deviendra plus chère à raison de ces charges. Les salaires, il est vrai, pourront devenir plus élevés et la classe laborieuse y trouvera une compensation équivalente, mais, en somme, d'autres classes auront à supporter cette augmentation.

On fait valoir un autre argument dont nous avons apprécié la valeur en ces termes dans notre précédent rapport :

« On répète à satiété que l'Etat aura pour Laval, de-« venue grande ville, une tendresse qui sera une cause de « faveurs et d'avantages de toute sorte. On prétend que « les subventions accordées par l'Etat sont proportionnées « à la population. On dit : La ville de Paris a des subven-« tions de cent millions ! Lyon et Bordeaux de dizaines de « millions ! Tours, Rennes, des millions ! Laval des cen-« centaines de mille francs, Avesnières des centaines de « francs, Grenoux, rien !

« Nous pourrions soutenir que les subventions de l'Etat « sont plutôt accordées aux petites communes : nous en « trouvons la preuve dans les instructions de M. le Ministre « des cultes des 12 septembre 1856 et 24 août 1858, qui « veulent que les secours de l'Etat pour travaux aux édifices « du culte ne soient accordés aux villes et aux communes « *de grande population* qu'exceptionnellement, et dans des « cas extrêmement rares. Les fonds dont Son Excellence « dispose sont destinés à venir en aide aux communes ru-« rales qui n'ont que de modiques ressources. Et, en effet,

« c'est là un principe équitable et rationnel. N'est-ce pas « aux plus déshérités que l'on doit tendre la main !

« Nous voulons bien admettre toutefois que les subven- « tions sont proportionnées, d'une part, aux sacrifices des « localités, et qu'elles sont d'ailleurs plus ou moins élevées, « suivant que les demandes ont pour appui des voix plus ou « moins puissantes. Mais nous n'admettons point les induc- « tions que l'on cherche à établir : à savoir que l'Etat « rendra à la ville, avec usure, les fonds qu'elle lui aura « donnés.

« Laval, par suite de l'annexion, versera en dix années « au trésor, une somme dépassant 462,000 fr., (1) et vous « paraissez croire que l'Etat vous restituera, dans la même « période, *et en plus des subventions auxquelles vous pouvez « prétendre dès à présent,* une somme plus qu'équivalente

---

(1) La première commission de Laval évaluait, dans son rapport, à 46,211 fr. par an l'augmentation dans les impôts à payer au trésor par suite de l'annexion. Si, comme nous devons le supposer, l'augmentation dans les impôts indirects était comprise dans ce chiffre, il y aurait lieu de le réduire de la somme annuelle de 10,800 fr. représentant ces derniers impôts, qui, indépendamment de toute annexion, frapperont la ville de Laval au prochain recensement. Mais cette réduction se trouve en partie compensée par le produit des centimes généraux au profit de l'Etat qui seront imposés sur l'augmentation dans les impôts des portes et fenêtres et des patentes, et par celui résultant du droit proportionnel à établir sur les patentables des 7e et 8e classes appartenant aux communes, produits qui ne nous paraissent pas avoir été comptés.

Il nous est impossible de faire un calcul complet et exact, les communes n'ayant point eu communication des pièces annexées au rapport dont il s'agit. Dans tous les cas, la réduction quelle qu'elle soit, n'enlève rien à notre argumentation.

« à celle que vous aurez payée. Le plus grand nombre assu-
« rément ne partagera point votre opinion (1).

« Nous venons de parler des subventions auxquelles
« vous pouvez prétendre.

« Laval, petite ville encore, puisqu'il lui faut l'annexion
« pour prendre la qualification de grande ville, n'a-t-elle pas
« été, dans ces dernières années, l'objet des faveurs du
« gouvernement à pleines mains? Ne semez pas le dédain
« sur les dons que vous avez reçus avec tant de largesse;
« ne paralysez pas les élans spontanés de reconnaissance
« qui se sont produits dans votre population à l'égard de
« ceux dont la haute influence et les efforts constants ont
« obtenu pour vous tant de bienfaits !

« On ne saurait dire sans ingratitude que la ville de
« Laval n'a pas reçu toute satisfaction à ses demandes et à
« ses besoins. Mais Grenoux, répètera-t-on avec bonheur,
« Grenoux n'a rien ! En effet, mais la raison en est simple.
« Grenoux ne demande rien et n'a besoin de rien. La com-
« mission urbaine l'a reconnu elle-même, car il n'est pas
« compris dans la répartition des bienfaits dont elle promet
« si généreusement de doter Avesnières et Changé. »

Nous avions parlé d'influences. La meilleure et la plus sûre est, nous dit-on, celle qui s'appuie sur le bon droit et

---

(1) Un simple paysan de notre commune faisait devant nous récemment cette réflexion que nous livrons à la sagacité du public.

« Si l'Etat rend aux villes plus qu'elles ne lui donnent, où donc prend-
« il la différence? »

la raison. Soit, nous reconnaissons volontiers que les villes ont des titres plus ou moins grands aux subventions de l'Etat et des départements, suivant qu'elles paient une part plus ou moins forte de l'impôt et que leur population est plus ou moins considérable. Mais vous reconnaîtrez avec nous, qu'à leur tour, l'Etat et les départements vous demanderont un plus large concours dans la dépense des travaux auxquels vous serez intéressés.

Nous citerons un fait, car les faits parlent plus haut que les plus éloquentes paroles.

Des quais nouveaux, entrepris par l'Etat, sont actuellement en cours d'exécution à Laval et à Mayenne. La dépense a été évaluée également, pour chacune de ces entreprises, à un million de francs. Pourquoi le concours demandé à Laval a-t-il été porté à 293,000 francs, tandis que celui de Mayenne n'a été fixé qu'à 200,000 fr. Evidemment parce que la ville de Laval a plus d'importance, parce que sa caisse est supposée mieux garnie. Cela est conforme au bon droit et à la raison, et nous pouvons en conclure hardiment que si l'annexion eût été faite, on eût demandé à la ville de Laval 400,000 fr. au lieu de 293,000 fr. Vous voyez donc bien que si une plus grande importance vous ouvre des titres à des subventions plus élevées, elle crée en même temps l'inconvénient de vous faire payer à l'Etat un concours plus considérable dans les travaux qu'il exécute. Si nous admettons la compensation, pour ne pas être exclusifs, la ville reste toujours en face des nouvelles charges que lui impose l'accroissement de sa population.

Il vaut donc mieux, dans l'intérêt bien entendu de chacun, que nous restions séparés, car nous ne ferions pas même un mariage de raison, mais une union forcée.

Mais, dit-on, les petites villes restent stationnaires et la plupart diminuent et perdent de leur importance. Ne craignons pas cette éventualité pour Laval, puisque M. le rédacteur du Mémoire constate que cette ville a fait de grandes choses depuis trente ans. Il démontre ainsi qu'elle peut progresser sans l'annexion. L'accroissement de sa population, qui a été de 2,997 habitants, soit de 17 pour 100 dans la dernière période de dix années, confirme surabondamment d'ailleurs cette assertion.

Il est vrai qu'on ajoute qu'elle pourra faire plus encore lorsque l'annexion lui aura donné de nouvelles et plus importantes ressources ; mais on oublie qu'elle ne peut avoir de bénéfice sur les ressources des communes annexées, et qu'à raison de l'augmentation d'impôt qu'elle sera contrainte de payer à l'Etat, ses ressources, loin de prendre plus d'importance, subiront une diminution préjudiciable.

Nous venons de voir qu'au point de vue de la ville de Laval l'annexion présente une aggravation d'impôts sans avantages d'aucune sorte. Nous passons à l'examen des charges que la mesure imposerait aux communes annexées. Le Mémoire auquel nous répondons ne peut en méconnaître la gravité ; mais elles y sont cependant considérablement atténuées.

En ce qui touche l'impôt des portes et fenêtres, on a omis d'y comprendre l'augmentation résultant des centimes additionnels généraux, départementaux et communaux, qui, comme on l'a vu plus haut, sont de 66 c. 58 p. %. Ils s'appliquent à toutes les différences provenant du changement de tarif pour les habitations qui sont comprises dans les limites de l'octroi. Ainsi, une maison de dix ouvertures, que l'on mentionne au mémoire comme devant subir une augmentation de 6 fr., supportera en réalité une augmentation de 9 fr. 99 c. dans laquelle sont compris 3 fr. 99 c. de centimes additionnels.

Les portes cochères, charretières et de magasins, dont il n'est pas fait mention et qui paient actuellement, d'après le tarif, 1 fr. 60 c., subiront une augmentation de 9 fr. 60, à laquelle il faut ajouter 6 fr. 39 c. résultant des centimes généraux, départementaux et communaux, ce qui porte à 15 fr. 99 c. l'augmentation pour cette catégorie d'ouvertures.

L'augmentation totale sur les portes et fenêtres, évaluée,

pour Avesnières, à........................	3,088 fr.
Et pour Grenoux à........................	1,396
Soit en totalité à........................	4,484
sera grossie d'une somme de........................	2,985
pour centimes additionnels, et portée en conséquence à........................	7,469

Quant à l'impôt des patentes, il faut également ajouter à l'augmentation les centimes additionnels qui sont à Laval, comme nous l'avons dit précédemment, de 65 c. 81 p. %.

Une patente de 1re classe, qui est actuellement, pour Grenoux, de 51 fr. 80 c., y compris les centimes additionnels applicables à cette commune, et qui sont de 48 p. %, s'élèvera après l'annexion, dans la partie considérée comme agglomérée, à 198 fr. 97 c.;

Une patente de 2e classe sera portée de 37 fr. à 99 fr. 48;

Celle de 3e classe, de 26 fr. 64,	sera portée à	66 fr.	32
Celle de 4e classe, de 17 fr. 76,	—	49	74
Celle de 5e classe, de 10 fr. 36,	—	33	16
Celle de 6e classe, de 5 fr. 92,	—	26	53
Celle de 7e classe, de 4 fr. 44,	—	13	26
Celle de 8e classe, de 2 fr. 96,	—	9	94

Enfin les patentables des 7e et 8e classes, qui sont exempts de tout droit proportionnel, deviendront passibles de ce droit.

M. le rédacteur du nouveau Mémoire espère que, pour l'impôt dont nous venons de nous occuper, l'augmentation n'aura lieu qu'au 1er janvier 1868, et qu'à partir de cette époque, jusqu'en 1876, elle ne sera que de la moitié.

L'augmentation sera appliquée immédiatement et d'après le tarif afférent à la nouvelle population, c'est-à-dire en totalité. L'instruction de M. le directeur général des contributions directes, que nous avons citée à l'occasion de l'impôt des portes et fenêtres, ne peut laisser subsister aucun doute sur ces deux points.

Nous venons d'énumérer des augmentations d'impôts plus considérables que celles mentionnées au Mémoire. Nous devons nécessairement trouver des différences dans le budget établi pour le propriétaire, le commerçant et l'ouvrier.

Voici nos appréciations :

Pour le propriétaire, l'augmentation sur la cote personnelle du chef de famille sera de............	» fr.	90 c.
L'augmentation sur les portes et fenêtres, en supposant une habitation à douze ouvertures, sera, en principal, de..............	7	20
En centimes additionnels sur cette augmentation..................................	4	79
Pour un certain nombre de propriétaires, augmentation dans l'impôt d'une porte cochère..................................	15	99
Droits d'octroi et d'entrée pour une barrique de vin..............................	11	65
Droits d'octroi et d'entrée pour quatre barriques de cidre...........................	12	04
Total.............	52 fr.	57

Pour un commerçant patenté de 6e classe :

Augmentation de la cote personnelle......	» fr.	90 c.
Sur la patente, en principal.............	12	»
En centimes additionnels...............	8	61
Portes et fenêtres, en supposant six ouvertures..................................	3	60
Centimes additionnels sur cette augmentation	2	40
Augmentation dans l'impôt d'une porte charretière ou de magasin...............	15	99
Droits d'octroi et d'entrée pour trois barriques de cidre............................	9	03
Total..................	52 fr.	53

Un patenté de 1re classe, dans les mêmes conditions, par suite du droit beaucoup plus considérable de sa patente, subirait une augmentation de 179 fr. 09 c.

Pour un ouvrier :

Augmentation de sa cote personnelle......	» fr.	90
Portes et fenêtres, pour une habitation de quatre ouvertures......................	2	40
Centimes additionnels..................	1	60
Droits d'octroi pour une famille de cinq personnes, à raison de 2 fr. pour chaque, suivant les évaluations du Mémoire...........	10	»
Total....................	14 fr.	90

A ces augmentations, il faut ajouter, pour les propriétaires et les commerçants, les droits d'octroi sur les comestibles, les fourrages, les combustibles, etc., et enfin l'imposition extraordinaire de 16 centimes dont la ville est grevée et qui frapperait toutes les propriétés. Le Mémoire constate, il est vrai, qu'il serait contraire à toute justice d'assujétir Grenoux, qui ne supporte aucune imposition communale extraordinaire, au paiement des 16 centimes dont il s'agit, et que ladite commune devra en être dispensée par la loi qui prononcera l'annexion. S'il en était ainsi, nos évaluations précédentes au sujet des impôts relatifs aux portes et fenêtres et aux patentes, se trouveraient réduites de 16 c. p. °/o, mais seulement en ce qui concerne Grenoux. Dans tous les cas, l'atténuation dont il s'agit ne serait que temporaire si la ville prolonge ses impositions extraordinaires, et l'injustice d'une charge sans compensation, surtout pour la propriété rurale, serait simplement ajournée.

Enfin, advienne, comme il en a été question, la suppression de l'octroi et son remplacement par des centimes extraordinaires. A-t-on considéré quelle sera alors la situation de la propriété rurale qui serait frappée de cette imposition!

Pour épuiser ce sujet, nous ferons connaître le nombre de centimes extraordinaires auxquelles équivalent les charges que l'annexion imposerait à la commune de Grenoux.

Les droits d'octroi sont évalués à..........	13,671 fr.
Ceux d'entrée à........................	3,777
Ceux de licence à....................	348
Total..................	17,796

Nous retranchons de ce chiffre un tiers, tant à cause de l'exagération qui paraît avoir été apportée dans l'évaluation de ces droits, qu'à raison de ce qu'une partie sera payée par des consommateurs étrangers à la commune.

Il restera donc à la charge des habitants....	11,864 fr.
L'augmentation sur l'impôt des portes et fenêtres est de..........................	1,396
Centimes additionnels....................	929
Augmentation sur les patentes.............	440 (1)
A reporter.........	14,629

(1) Nous croyons à une erreur dans ce chiffre, qui nous paraîtrait devoir être au moins doublé.

Il y aura, d'une autre part, une augmentation non comptée dans le droit proportionnel sur les valeurs locatives résultant de la différence des centimes additionnels qui sont, comme on l'a vu, pour Grenoux, de 48 p. %, et pour Laval de 65 c. 81 p. %.

Report............	14,629
Centimes additionnels....................	290
Augmentation sur 235 cotes personnelles. .	211
Total....................	15,130

Le produit d'un centime au principal des quatre contributions directes est, pour la commune de Grenoux, de 93 fr. Si l'on divise le chiffre des charges imposées par celui représentant un centime, on trouve que ces charges sont équivalentes à une imposition extraordinaire permanente de *163* centimes.

Quel contraste! On pense, comme on le verra bientôt, que le gouvernement n'autoriserait pas la commune à s'imposer d'une manière indéfinie 5 centimes extraordinaires, et l'on veut bien la frapper de charges représentant une imposition de *163* centimes !

Encore ce chiffre devrait être augmenté de la charge du *droit proportionnel* qui sera imposé aux patentables des 7e et 8e classes, charge qui n'a pas été comptée et que le défaut d'éléments ne nous permet pas d'apprécier.

Les charges de toute nature dont nous venons de nous occuper sont lourdes et les avantages qu'on leur oppose sont nuls. L'annexion n'est pas profitable même à la classe laborieuse. Si cette dernière devait rencontrer à Laval les avantages que l'on suppose, rien ne l'empêcherait d'en jouir dès à présent, en abandonnant les communes limitrophes. Elle ne le fait pas, parce qu'elle y trouve en compensation de certains avantages de la ville qui lui font défaut, d'autres avantages peut-être plus grands : nous voulons parler de loyers à plus bas prix et de la vie à meilleur marché.

Le projet est funeste à la ville de Laval en même temps qu'il est la ruine des communes. Nous l'avons dit dans notre précédent travail :

« Nous ne voyons qu'un seul intéressé à la mesure, et nous « ne craignons pas de le dire parce qu'il est trop haut placé « pour que son intérêt ait une influence sur la décision. Cet « intéressé, c'est l'Etat, dont l'annexion grossira annuelle- « ment les coffres d'une somme de 46,211 fr., ainsi que le « constate le rapport (1). Mais le gouvernement envisage les « choses à un point de vue plus élevé ; il n'est pas dominé « par une question d'argent. Si la loi s'est montrée juste en « frappant de charges plus lourdes les villes plus peuplées, « il reconnaîtra que ce n'est qu'au moyen d'une fiction, « c'est-à-dire en réunissant et en faisant entrer en compte « des populations rurales, que la ville de Laval prétend « acquérir son importance, et que la loi ne lui est point « applicable. Il n'acceptera point ses sacrifices volontaires « et ceux auxquels elle condamne les communes annexées : « le projet sera repoussé. »

Nous venons de faire l'examen des considérations générales. Nous allons traiter actuellement la question au point de vue exclusif de la commune de Grenoux.

Le rapport de la première commission s'exprime ainsi :

« Laval est serrée de tous côtés par les communes voi- « sines qui s'étendent jusqu'au cœur de la ville, et si elle

(1) Voir l'observation page 19.

« veut exécuter de grands travaux, il faut qu'elle sorte de « son territoire. Les populations qui l'entourent profitent de « tous les avantages réalisés sans contribuer à la dépense.

« Tandis que Laval s'ingénie à créer des quartiers sains « avec des rues larges et spacieuses, on voit s'élever, à sa « porte, des faubourgs entiers où les constructions sont en- « tassées pêle-mêle et sans aucun contrôle.

« Les droits d'octroi et les impôts sont difficiles à perce- « voir; la police est entravée.

« Laval a donc intérêt à annexer au moins les parties « des communes voisines qui la pénètrent et gênent son « mouvement d'extension. »

Nous avions répondu :

« Les phrases qui précèdent ne peuvent s'appliquer à la « commune de Grenoux. Son territoire le plus proche est « loin de pénétrer au cœur de la ville : elle possède simple- « ment deux petites portions de rues reléguées à l'extrémité « d'un faubourg. La ville de Laval ne se porte point du côté « de la commune de Grenoux ; elle n'a rien entrepris et n'a « rien à entreprendre de ce côté. Cette commune n'est donc « point un obstacle à ses projets; elle ne gêne en aucune « manière le mouvement d'extension de la ville et il n'existe « pas de motifs qui puissent nécessiter sur ce point l'agran- « dissement de territoire projeté.

« On demande en vain à quels inconvénients l'état de la « circonscription actuelle a donné lieu jusqu'à ce jour. La « répartition et le recouvrement des impôts ne présentent « aucune difficulté. La fixation de la part afférente à la ville

« ou à la commune n'a jamais soulevé de contestations ; les « propriétés de chacune d'elles sont bien déterminées, dis- « tinctes, de manière à prévenir tout litige. La perception « des droits d'octroi se fait également avec facilité, et les « assertions du rapport sur cette question ne peuvent être « prises au sérieux. Il en est de même des entraves que l'on « dit exister dans l'action de la police. Grenoux a un garde- « champêtre qui peut, tout aussi bien que les agents de la « ville, veiller au maintien de l'ordre, à la sûreté et à la salu- « brité publique sur le territoire de la commune. Mais rien « n'empêche de son côté la police de Laval d'exercer, si elle « le juge utile, une action plus entière et plus complète. « N'a-t-elle pas été investie à cet égard de pouvoirs et de « droits égaux à ceux qu'elle a elle-même sur son territoire? « Faut-il ajouter qu'elle ne fera qu'accomplir une obligation, « puisqu'une subvention spéciale est inscrite à cet effet à « son profit, au budget de la commune de Grenoux. On ne « saurait donc prétendre que l'état de choses actuel est une « entrave à l'action salutaire d'une bonne police. Les motifs « invoqués par la ville de Laval pour envahir, au mépris « de toute justice, la plus notable portion de la commune « de Grenoux, et par suite entraîner sa suppression, sont « donc sans valeur, et s'il pouvait être vrai qu'il y eût utilité « à régulariser la limite des portions de rues de cette com- « mune qui joignent la ville, rien n'y porterait obstacle. « Cette dernière, que l'on représente gênée dans sa ceinture, « possède un vaste territoire rural et s'avance, du côté de « Grenoux notamment, à plus de deux kilomètres. Un « échange pourrait donc avoir lieu facilement entre les deux « communes et également entre Laval et Avesnières pour

« une portion de territoire. Dans ce cas, aucune charge « nouvelle n'atteindrait la ville, puisque sa population reste« rait notablement inférieure au chiffre de 25,000 ames.

« Il n'en est pas de même du projet actuel. »

Nous ajoutions : « La commune de Grenoux n'a rien à « envier à la ville de Laval, pas même sous le rapport de « l'état de sa viabilité, infiniment plus parfait que celui de « la ville. Les finances de cette commune sont on ne peut « plus prospères. Elle n'a pas d'imposition extraordinaire. « Laissez-là donc vivre en paix dans son obscurité. Ne lui « apportez pas la ruine et la désolation en lui imposant des « charges écrasantes et une augmentation d'impôts dont la « plus grande partie, d'après votre aveu, ne sera profitable « qu'à l'Etat. Vainement, pour atténuer l'injustice du projet, « vous dites que nous jouissons de tous les avantages de la « ville sans en avoir les charges. Cela n'est pas. Avons-nous « part à votre éclairage, à vos pavages, etc.? Nos propriétés « ont-elles la valeur de celles qui sont plus rapprochées du « centre de la ville ? Mille fois non ; et si d'autres habitants « de Laval ne profitent pas plus que nous de ces avantages, « nous n'avons pas créé leur position et ce ne peut être « une raison de modifier la nôtre et de nous enlever des « droits qu'une existence séculaire a consacrés.

« Nous ne nous étendrons pas sur les funestes consé« quences du projet à notre égard ; nous ne parlerons pas « de nos propriétés notablement dépréciées. Nous ne dirons « rien d'une partie de nos habitants dont la réussite du « projet amène la ruine complète. Isolés de la ville par une

« longue distance, ils ne peuvent vendre qu'à la condition « de le faire à plus bas prix, et cette condition leur devient « impossible dès que la ville les comprend dans son rayon. « Ils sont forcés de renoncer à leur commerce, ne pouvant « plus soutenir la concurrence avec les habitants de la ville « dont ils prendraient les charges sans partager les bénéfices. « Nous n'ajouterons rien de plus, nous savons que le mal « d'autrui touche peu, et, s'il faut l'avouer, nous avons plus « l'espoir de faire impression au moyen des considérations « tirées de l'intérêt même de la ville, que par l'exposé du « mal que le succès de la demande d'extension du territoire « de Laval occasionnerait à notre commune. »

Mû par un désir de conciliation, M. le Maire de Grenoux, dans une lettre adressée le 12 janvier dernier à MM. les Membres de la nouvelle commission, a fait connaître qu'il serait disposé à accepter, à titre de transaction, une délimitation nouvelle par laquelle on se bornerait à réunir à Laval les rues de Sainte-Catherine et des Bouchers, ainsi que les terrains à droite et à gauche de la route d'Ernée, en prenant pour limite le chemin de fer au pont Biais et le chemin conduisant de la route d'Ernée à la route de Rennes. Dans un projet de budget, M. le Maire démontre que la commune de Grenoux conserverait des ressources suffisantes pour exister après cette délimitation. Une imposition extraordinaire de 5 centimes y figure pour le maintien du garde-champêtre; mais l'on objecte qu'il est difficile de croire que le pouvoir législatif puisse autoriser la création d'un impôt permanent affecté aux dépenses habituelles d'une commune.

On n'a pas suffisamment examiné le projet de budget mentionné que nous avons sous les yeux. L'imposition extraordinaire n'est pas indispensable, puisque ce budget se solde par un excédant de recettes de 300 fr. qui pourrait suffire au paiement d'un garde-champêtre. L'emploi, d'ailleurs, de cet agent n'est pas non plus obligatoire ; car, sur les 274 communes du département, 100 seulement en sont pourvues, et encore on n'atteint ce chiffre qu'en décorant du titre de garde-champêtre des individus chargés, moyennant 60 ou 80 francs, de faire la police du bourg le dimanche. Le projet de budget comprend une somme de 300 fr. pour le placement des malades à l'hôpital; des allocations de cette nature sont rares aux budgets des communes. Enfin, une somme de 200 fr. y figure pour supplément de traitement à M. le curé. Nous connaissons assez l'esprit de désintéressement, la générosité et la grandeur d'âme de cet ecclésiastique pour être convaincu qu'il serait le premier à renoncer à cette allocation, si elle devenait une cause d'embarras pour la commune : ce serait malheureusement les pauvres à qui elle ne profiterait plus.

Sous le rapport de la situation financière, il ne peut, comme on le voit, exister d'objection ; mais une autre est formulée. On ne veut pas admettre que le village existant sur la nouvelle traverse de Rennes, à la Roullière, puisse appartenir à Grenoux, alors qu'il est, dit-on, situé à trois ou quatre cents mètres au plus de l'église de Notre-Dame, et qu'il est séparé du bourg chef-lieu non-seulement par le chemin de fer, mais par une distance qui ne peut être évaluée à moins de trois kilomètres.

Cette dernière distance est exagérée. Les habitants, d'ailleurs, ne se plaignent pas de l'éloignement du bourg et ils ont protesté à l'unanimité dans l'enquête contre leur réunion à la ville de Laval. Si une partie d'entre eux fréquente plutôt l'église de Notre-Dame que celle de Grenoux, nous ne voyons pas que la ville puisse se plaindre de ce fait, qui ne tend qu'à procurer plus de ressources à la fabrique de ladite église. Le village de la Roullière est à une assez longue distance de la ville pour que cette dernière ne soit pas arrêtée dans son mouvement d'extension qui est nul sur ce point. Depuis la route de Nantes, il n'existe, sur une longueur de plus de 300 mètres, qu'une seule construction d'un côté, et de l'autre, 13 habitations bourgeoises disséminées. La rampe de cinq centimètres par mètre, qu'il faut franchir pour se rendre de l'église de Notre-Dame à la limite de Grenoux, sera toujours un obstacle au développement de la ville dans cette partie.

La limite actuelle à la Roullière est excellente et aucun inconvénient ne s'oppose à son maintien. Il resterait encore à la commune de Grenoux une population de plus de 1,300 âmes et des ressources suffisamment élevées pour conserver son existence.

Nous avons vu avec un pénible étonnement le Mémoire auquel nous répondons, reproduire, à l'égard de Grenoux, des accusations qui, loin d'être justifiées, sont complètement dénuées de fondement. On reproche à cette commune le mauvais état de ses chemins et de ses rues, le dénûment de ses pauvres et de ses malades. La lettre de M. le Maire, dont il a été question plus haut, et le rapport de la commission syndicale de Grenoux, qui seront imprimés ci-après, comme pièces utiles à notre défense, ont répondu victorieusement à ces allégations complètement en dehors de la vérité.

En ce qui concerne l'état des chemins, M. le Maire de Grenoux a invité la nouvelle commission de Laval à se transporter sur les lieux et à vérifier par elle-même l'état des choses. Quant aux chiffres indiqués par la commission syndicale, au profit des malades et des pauvres, il suffit d'ouvrir les budgets de la commune pour s'assurer de leur exactitude. Nous n'avons pas d'autre réponse à faire à ce sujet.

Nous terminions notre précédent rapport comme suit :

« Nous irons au-devant d'une objection qui ne manquera « pas d'être faite. On nous dira que le projet est accepté par « la population de Laval ; que l'enquête qui a été ouverte dans « cette ville n'a donné qu'un nombre insignifiant d'oppositions. « Nous répondrons : Que pouvez-vous conclure d'une enquête « sur un projet inconnu de la presque totalité des habitants ? « Quels sont les éléments d'appréciation qui ont été mis « sous les yeux du public ? Pas même le premier de tous, « le plus essentiel : nous voulons dire le rapport de la « commission. Quand, maintes fois, des projets analogues se « sont produits jusqu'à ce jour, les rapports y relatifs « étaient imprimés et publiés dans les journaux de la localité. La contradiction pouvait s'établir, la lumière se faire « et l'opinion publique se former en parfaite connaissance « de cause. Il n'en a pas été ainsi cette fois : on a paru « craindre de prendre le public pour juge.

« On s'est borné à jeter en avant quelques mots magiques « de grande ville et de progrès et l'on a cru tout le monde « suffisamment éclairé et satisfait. Et nous aussi, nous « sommes partisans de tout progrès, à l'exception cependant « du progrès d'impôt. L'opinion publique, un moment fas- » cinée par une fantasmagorie de séductions illusoires, se « prononcera, nous n'en doutons pas, contre le projet tel « qu'il est proposé. Le Conseil municipal lui-même, mieux « inspiré, assumera difficilement la responsabilité d'une « mesure désastreuse pour le plus grand nombre, à tous les « points de vue.

« Quant à nous, si cet espoir était trompé, nous atten- « drons avec confiance la décision de l'administration supé- « rieure. Nous pensons qu'elle reconnaitra que le projet ne « se présente pas dans les conditions d'admissibilité voulues.

« Lorsqu'une commune entend conserver son existence « indépendante et son intégralité, l'intérêt général peut seul « exiger qu'elle en fasse le sacrifice : un tel intérêt n'est « point en cause dans la question qui nous occupe.

« Nous cédons au désir de citer ici les paroles de M. Vi- « vien, député, dans le rapport fait par lui, au nom de la « commission chargée d'examiner le projet de la loi du 18 « juillet 1837, sur l'administration municipale.

« *La suppression d'une commune, comme l'a dit le savant* « *rapporteur de la Chambre des Pairs, est une sentence de* « *mort civile. La distraction ou le fractionnement participent* « *du même caractère. L'expérience prouve tous les jours les* « *conséquences des suppressions et des réunions de communes ;*

« *elles portent atteinte à des droits réels, à de longues habitudes,* « *à des sentiments que le législateur doit respecter.*

« *A beaucoup d'hommes, la commune offre à la fois l'image* « *de la famille et celle de la patrie. Ils ont concentré dans son* « *sein toutes leurs affections, tous leurs souvenirs, toutes leurs* « *espérances. Là se trouvent les tombes de leurs pères, l'église* « *où ils ont reçu la bénédiction nuptiale, où leurs enfants ont* « *été baptisés. La suppression de la commune, sa réunion à* « *une autre, détruit les établissements auxquels se rattachent* « *tant de pensées et d'émotions honorables.*

« *Aussi, combien de communes ont dû être séparées de* « *nouveau après une alliance imprudente! Que de dissenti-* « *ments, de rivalités, de discordes dans celles où les réunions* « *ont été maintenues.* »

« Nous n'ajouterons rien à la saisissante logique de ces « éloquentes paroles. Elles montrent la pensée du législateur « de 1837, pensée qui doit être immuable comme toute « justice.

« Nous invoquons d'ailleurs les principes que nous avons « cités plus haut, principes proclamés par l'ère impériale « de 1806 et de 1811, qui se continue aujourd'hui avec tant « de gloire et d'éclat. Le gouvernement maintiendra, à coup « sûr, les traditions sages et salutaires d'un passé également « glorieux, et le fabuliste aura tort cette fois : la raison du « plus fort ne prévaudra pas contre le bon droit et l'équité. »

Notre appel sur la nécessité et la convenance d'éclairer l'opinion publique a été entendu. La cause de nos adversaires a été plaidée devant le public avec une éloquence sans rivale. Triomphera-t-elle en présence de nos faibles moyens? Nous en doutons. La mesure restera impopulaire. Malgré le prestige d'un talent supérieur, les inconvénients du projet n'ont pu demeurer dans l'ombre. Aussi le bon sens public ne s'y est pas trompé. La majorité repousse la mesure projetée.

Si cette mesure présentait les avantages que ses partisans lui attribuent, c'est à l'unanimité qu'elle eût été votée déjà par MM. les membres du Conseil municipal et les plus imposés. Si l'administration municipale, que l'assemblée honore et à laquelle elle voudrait pouvoir prêter sans réserve un concours dévoué, n'a pu jusqu'à ce jour triompher de la résistance du plus grand nombre à ses vues, c'est que les inconvénients du projet l'emportent avec évidence sur ses prétendus avantages. M. le rédacteur du Mémoire est le premier à constater avec une impartialité à laquelle nous aimons à applaudir, que la mesure a divisé les meilleurs esprits, qu'on a vu les hommes les plus honorables, les plus distingués par l'intelligence et le savoir, formuler d'énergiques protestations. Nous sommes donc fondés à soutenir que la question est au moins douteuse, et, dans ce cas, n'est-il pas sage de s'abstenir, comme le conseille la prudence des âges!

En résumé, les inconvénients du projet, en ce qui touche les *habitants de Laval*, sont :

1° Une augmentation immédiate d'une somme de 18,833 fr. par an dans l'impôt des portes et fenêtres, que la loi met à la charge des locataires. Sur cette somme, 2,374 fr. seront perçus au profit de la caisse municipale et 16,459 fr. au profit de l'Etat et du département (3,000 fr. environ pour ce dernier). Cette somme de 16,459 fr., en pure perte pour la ville, équivaut à une imposition extraordinaire indéfinie dépassant 7 c. 1/2 ;

2° Un accroissement dans le chiffre de la population qui, à un second recensement, sera *infailliblement* de plus de 30,000 ames, et donnera lieu à une nouvelle augmentation dans l'impôt des patentes ;

3° Une augmentation de dépense résultant de la création d'un commissaire de police central et de deux commissaires cantonaux, lorsque la population aura atteint ce dernier chiffre.

Quant aux charges des communes, elles sont trop nombreuses pour faire ici l'objet d'une récapitulation. Nous renvoyons aux détails que nous avons donnés ci-dessus.

Quelques personnes nous ont exprimé la crainte que les opposants au projet de suppression des communes se laissent entraîner à sacrifier Grenoux, dans l'espoir de sauver Avesnières. Nous ne partageons point cette crainte. Les opposants savent trop que les raisons de convenance et d'équité veulent que si l'on supprime Grenoux, Avesnières subisse le même sort. Leur propre vote de suppression à l'égard de Grenoux serait une arme contre eux. Le législateur demanderait pourquoi ils ont bien voulu voter la suppression de Grenoux et non celle d'Avesnières. On répondrait qu'ils ont craint de porter la population de Laval à 25,000 ames. Or ce motif, on le comprend, est celui de tous qui doit toucher le moins le gouvernement. Le législateur n'hésiterait pas à adopter le projet tel qu'il est présenté. Il ne faut pas que la question puisse être tranchée par une loi. Les opposants repousseront donc tout projet qui aurait pour conséquence d'entraîner la suppression d'une commune. S'ils reconnaissent qu'une annexion partielle, ou plutôt une délimitation nouvelle a sa raison d'être, ils savent que les communes sont disposées à transiger et que l'accord qui interviendrait n'aurait besoin que d'un décret pour être sanctionné.

Nous n'ajouterons rien de plus ; nous sommes profondément convaincus que nous venons de défendre une juste cause et que si, par impossible, le projet est adopté tel qu'il est présenté, des regrets amers et tardifs succèderont aux ardentes sympathies du plus grand nombre de ses partisans actuels.

Fait à Grenoux, le 23 avril 1862.

Et ont signé les membres de la commission.

Pour copie conforme :

Le Maire de Grenoux,

PIEDNOIR.

LETTRE

DE M. LE MAIRE DE GRENOUX

A MESSIEURS LES MEMBRES

de la Commission chargée de l'examen de l'Annexion.

Grenoux, le 12 *janvier* 1862.

MESSIEURS,

Le bruit court que vous auriez décidé de proposer en principe la suppression de la commune de Grenoux. Si votre décision est basée sur cette opinion qu'il serait impossible à la commune d'exister dès qu'on lui enlèverait une portion de son territoire, permettez-moi d'appeler votre bienveillante attention sur les observations suivantes :

La ville n'a pas intérêt à s'étendre outre mesure du côté de Grenoux. Elle doit considérer au contraire que plus elle englobera d'habitants, plus elle hâtera l'époque fatale qui doit porter sa population à 25,000 âmes.

Ne trouverait-elle pas une satisfaction suffisante à maintenir la limite actuelle, en l'étendant toutefois jusqu'au viaduc biais de la route d'Ernée et suivant ensuite le chemin latéral au chemin de fer?

Dans cette hypothèse, qui donnerait une limite excellente, la commune de Grenoux peut conserver son existence indépendante, en s'imposant simplement 5 centimes extraordinaires pour le maintien de son garde-champêtre. Un projet de budget que j'ai fait remettre à M. le Président de la commission, avec le budget de la commune pour 1862, démontre cette assertion.

La commune de Grenoux, ainsi que le fait voir ce dernier budget, n'a pas d'imposition extraordinaire, ni de journées de prestation. Elle a existé longtemps sans le produit de son octroi et peut exister encore.

Ce produit lui a servi à exécuter des travaux extraordinaires. Elle a, depuis douze années, ouvert un chemin vicinal qui lui a coûté plus de 6,000 francs, indépendamment d'une somme de 4,000 francs que le département voulut bien mettre à sa dispositon pour hâter l'achèvement dudit chemin qui, à cette époque, présentait un intérêt départemental, attendu que la traverse de la route d'Ernée par le faubourg était en fort mauvais état. Elle a dépensé, pour agrandir et clore de murs son cimetière, une somme dépassant 3,000 fr. Enfin elle a ouvert deux chemins vicinaux, l'un à la Croix-Rouge, et l'autre au bourg Saint-Jean, pour relier la nouvelle et l'ancienne route d'Ernée.

C'est, en douze années, une dépense d'au moins 12,000 fr. qu'elle a affectés à des travaux extraordinaires qui ne se représenteront pas. Ses chemins vicinaux ont toujours été entretenus dans un parfait état de viabilité, et si quelques personnes ont pu croire le contraire, c'est parce qu'elles ont supposé que le chemin qui fait le prolongement de celui de Grenoux et qui relie la nouvelle à l'ancienne route de Paris à Brest, était à la charge de cette commune. Ce chemin, qui appartient à la ville de Laval, a toujours été, je regrette de le dire, dans un déplorable état, et il l'est encore en ce moment, nonobstant quelques réparations qui y ont été effectuées il y a peu de temps. C'est là un fait de notoriété publique, la commission peut se transporter sur les lieux et vérifier par elle-même la situation des choses.

La commune de Grenoux n'a pas en ce moment d'école de garçons. La communauté de Haute-Follis n'ayant pas de bâtiments suffisants pour contenir les petites filles qui fréquentent son école, a demandé à acquérir la maison d'école adjacente des garçons. Cette dernière était peu fréquentée, attendu que les parents préféraient envoyer leurs enfants à une école des frères de la ville. L'administration supérieure a insisté pour que la commune vendît sa maison d'école, et depuis que cette vente a eu lieu, la commune paie à la ville de Laval une subvention de 200 francs pour l'admission des enfants de Grenoux aux écoles de la ville.

On ne peut reprocher à la commune cette situation. Il est d'ailleurs, facile de la faire cesser. Le Conseil municipal est tout disposé à faire les sacrifices nécessaires pour construire une nouvelle maison, et il suffira, pour que l'école soit fréquentée, que la ville enjoigne aux frères de ne plus recevoir les enfants de Grenoux dans leurs classes.

Sous le rapport du culte, on n'a rien à reprocher à la commune de Grenoux. Son église est parfaitement tenue. Les cérémonies religieuses sont suivies par un grand nombre de personnes. Le chemin de fer n'a apporté aucune entrave aux communications, car la partie de la commune qui est de l'autre côté de ce chemin se trouve reliée à l'autre partie par un viaduc sur rail et par un chemin en bon état qui part de la Malle, sur la route de Rennes, et conduit au bourg même de Grenoux.

Rien ne me paraît motiver une sentence de mort civile contre la commune que j'administre, et je pense que vous voudrez bien examiner la question avec tout l'intérêt qu'elle comporte. Je suis d'ailleurs prêt à donner à la commission, si elle veut bien m'entendre, tous les renseignements dont elle pourrait avoir besoin pour s'éclairer. Une entente cordiale aurait cet avantage qu'un décret au lieu d'une loi, que l'on peut ne pas obtenir, suffirait pour réaliser une délimitation nouvelle.

Je le répète, en terminant, la commune de Grenoux peut exister après cette délimitation faite d'une manière convenable. Elle conserverait encore des ressources et une population que ne possède pas la plus grande partie des communes du département.

Vous me pardonnerez, Messieurs, je l'espère, si j'abuse trop longuement de vos instants. La défense de ma commune est un devoir inhérent aux fonctions qui m'ont été confiées, et la commission ne peut trouver mauvais que j'accomplisse ce devoir autant qu'il dépend de moi.

J'ai l'honneur d'être, Messieurs, votre très-humble et très-obéissant serviteur.

Le Maire de Grenoux,

PIEDNOIR.

PROJET
DE SUPPRESSION
DE
LA COMMUNE DE GRENOUX.

Avis de la Commission Syndicale.

La commission syndicale nommée pour donner son avis sur le projet d'annexion à la ville de Laval de la presque totalité de la commune de Grenoux, s'est réunie à la Mairie de cette commune le vendredi 31 janvier 1862.

Tous les membres, au nombre de cinq, sont présents.

M. Piednoir, Maire, élu précédemment Président de la commission, a mis sous ses yeux : 1° le rapport de M. Dupuy, l'un des membres de la commission du Conseil municipal de Laval ; 2° la délibération du 18 décembre dernier, par laquelle le Conseil municipal de Grenoux a discuté le rapport dont il s'agit ; 3° Enfin le rapport de M. le Commissaire chargé de procéder aux enquêtes relatives au projet d'annexion à la ville de Laval de tout ou partie des communes d'Avesnières, Grenoux et Changé.

Nous, membres de la commission, déclarons adhérer complètement à la délibération ci-dessus mentionnée du Conseil municipal de Grenoux. Cette délibération nous paraît avoir suffisamment réfuté le rapport de M. Dupuy et par suite celui de M. le Commissaire-enquêteur, qui n'est généralement que l'écho plus ou moins sonore de ce premier rapport. Toutefois, comme des assertions inexactes et de nouvelles erreurs sont invoquées par M. le Commissaire-enquêteur à l'appui de ses argumentations en faveur du projet, nous ne pouvons nous dispenser d'entrer dans le débat et d'ajouter quelques observations à celles qui ont été déjà formulées.

M. le Commissaire-enquêteur demande comment expliquer le nombre restreint des habitants de Laval figurant à l'enquête dans cette ville. Il serait disposé à en tirer cette conclusion que la population est favorable à l'annexion ; il ne veut pas cependant se servir de ce raisonnement par trop absolu, mais il lui semble permis de penser que les intérêts de ses concitoyens sont loin d'être menacés, autrement l'empressement des habitants eût été bien plus grand et tous seraient venus protester contre la mesure projetée.

Le Conseil municipal de Grenoux a déjà répondu que l'on ne pouvait rien conclure d'une enquête sur un projet inconnu de la presque totalité des habitants. Nous nous bornons à demander avec lui que l'on mette sous les yeux du public tous les documents du débat au moyen de leur impression, et que la lumière une fois faite, l'enquête soit recommencée. C'est alors, mais alors seulement, si le résultat de l'information est le même, que M. le Commissaire-enquêteur pourra dire sans scrupule que la population de Laval est favorable à l'annexion. Jusque là, les opposants au projet sont fondés à soutenir avec avantage l'opinion diamétralement contraire.

M. le Commissaire-enquêteur rappelle qu'il est à la connaissance de tous que l'administration éprouve des difficultés sans nombre pour l'exercice de ses droits de police, pour la perception des impôts, pour l'organisation des octrois, en un mot pour tout ce qui est d'utilité publique. L'inanité de ces accusations a été démontrée par le Conseil municipal lors de la discussion du rapport de M. Dupuy, dans lequel elles étaient énoncées. Nous n'avons rien à ajouter à ce sujet.

M. le Commissaire-enquêteur signale à plusieurs reprises ce fait qu'une erreur semblait avoir été répandue parmi les habitants de la partie rurale, dans le but d'effrayer, relativement aux charges dont les immeubles étaient menacés. Cette erreur, selon lui, était dans tous les esprits.

« Or, chacun sait, dit-il, que ce sont précisément les « parties rurales qui profiteraient des avantages sans voir « augmenter leurs charges; elles bénéficieraient même de « l'annexion, car elles cesseraient d'être assujéties aux jour- « nées de prestation; de plus, nous pouvons ajouter que les « centimes additionnels sont plus élevés dans la commune « d'Avesnières que dans celle de Laval; ainsi, pour la par- « tie rurale qui semblait la plus inquiète, rien à craindre « des suites de l'annexion qui lui serait plutôt avantageuse. »

Aussi, M. le Commissaire-enquêteur, en présence de l'erreur répandue dans la population rurale, et qu'il signale si heureusement, avoue-t-il n'avoir été nullement surpris du nombre des opposants.

Nous sommes, nous, douloureusement surpris de voir qu'une question de cette importance soit traitée avec une telle légèreté d'examen ; que là où se trouve la vérité, on la taxe d'erreur.

Les communes d'Avesnières et de Grenoux n'ont de prestations que dans l'imagination de M. le Commissaire-enquêteur, et si Avesnières est frappée passagèrement de centimes additionnels assez élevés, quoique en nombre inférieur à ceux de Laval, Grenoux n'a pas un centime d'imposition extraordinaire, et c'est à bon droit que sa population rurale devait repousser et a repoussé l'annexion.

Où M. le Commissaire-enquêteur trouve des bénéfices pour la population rurale dans l'annexion, nous constatons une charge nouvelle et sérieuse : c'est celle résultant de l'imposition extraordinaire de 16 centimes dont la ville de Laval est grevée et qui, bien que les habitants de Grenoux ne l'aient ni consentie, ni votée, frapperait immédiatement, sans compensation d'aucune sorte, la propriété rurale, comme toutes les autres.

Il y a plus, la position des habitants de la partie du territoire de Grenoux que l'on projette de céder à Changé, serait encore moins favorable; car cette dernière commune, en outre du maximum des journées de prestation, est imposée pour longues années, à 20 centimes extraordinaires. Les réclamations consignées à l'enquête ont appelé l'attention sur ces questions. Nous regrettons que M. le Commissaire n'ait pas cru devoir s'y reporter.

Il veut qu'il soit bien entendu, toutefois, que la ville ne tient nullement à la partie rurale des communes, ce qui n'est pas le but de l'annexion, mais bien l'accessoire. La mesure n'est, à ses yeux, que la conséquence de la nécessité où l'on se trouve de supprimer les communes, dès que l'on veut annexer les parties qui, dit-on, gênent la ville dans son mouvement d'extension. Nous serions heureux que cette question fût étudiée plus sérieusement que ne l'a fait M. le Commissaire-enquêteur, qui déclare hautement et avec insistance préférer le *statu quo* à une annexion partielle. Nous soutenons qu'il serait facile de démontrer que la commune de Grenoux pourrait conserver une existence indépendante après la perte de ses rues.

L'argument en faveur parmi les partisans de l'annexion, et que fait valoir à son tour M. le Commissaire-enquêteur, c'est qu'il est souverainement injuste que les habitants limitrophes de la ville jouissent de tous ses avantages sans en supporter les charges. S'il y a là une inégalité de position, l'annexion est impuissante à la faire cesser, car le lendemain du jour où la ville aura étendu le rayon de son octroi, rien n'empêchera des industriels de s'établir au-delà de la limite, afin d'échapper à cette charge. Mais nous soutenons que cette inégalité n'est qu'apparente, du moins pour la majeure partie des territoires limitrophes que la ville veut englober. Elle n'est qu'apparente, disons-nous, parce qu'il est faux que les habitants jouissent d'autant d'avantages que ceux de la ville. Nous ne parlons pas même des avantages résultant de l'éclairage, du pavage, d'embellissements, etc., mais de ceux qui assurent à la propriété un revenu en rapport avec le capital engagé et qui permettent d'exercer un commerce ou une industrie avec faveur. Peut-on dire sérieusement que le prix de location de nos propriétés soit aussi élevé que celui des immeubles plus rapprochés de la ville? Oserait-on soutenir que les profits des industriels de certains de nos quartiers sont équivalents aux bénéfices du plus grand nombre des habitants de Laval? Quel est donc l'industriel ou le commerçant de cette ville qui consentirait à changer sa position avec celle d'un habitant exerçant le même commerce ou la même industrie au village de la Roullière, par exemple, et même au bourg d'Avesnières! On voit encore fréquemment des artisans qui font fortune à Laval. On en chercherait en vain aux lieux que nous venons de citer. Ils gagnent simplement ce qu'il leur faut pour vivre, souvent même avec peine, et cela se comprend, car leur éloignement de la ville restreint forcément leur commerce. Ne dites donc pas qu'ils ont les mêmes bénéfices que vous sans partager vos charges, et cessez d'exciter à tort contre eux les sentiments d'envie inhérents à notre nature imparfaite et qu'il est malheurensement si facile de réveiller. Ajouterons-nous que ces sentiments sont cependant, pour un grand nombre de partisans de l'annexion, le seul motif déterminant de leur opinion.

En ce qui touche particulièrement la commune de Grenoux, M. le Commissaire-enquêteur n'a pas la moindre hésitation à demander sa suppression. Le bourg proprement dit est isolé; on n'y trouve que l'église et deux ou trois maisons; aussi le bourg et son église sont-ils complètement abandonnés, ajoute M. le Commissaire.

Si les habitants de Grenoux se plaignaient de l'isolement de leur bourg, nous comprendrions le souci de M. le Commissaire-enquêteur pour faire valoir leurs plaintes, mais il n'en est pas ainsi. Les habitants tiennent essentiellement à la conservation de leur bourg et de leur église, tels qu'ils sont, et c'est une grave erreur de dire qu'ils laissent l'un et l'autre dans l'abandon. M. le Maire de Grenoux, dans une lettre en date du 12 du courant adressée à MM. les membres de la nouvelle commission du Conseil municipal de Laval, dit, avec vérité, que l'église est parfaitement tenue ; que les cérémonies du culte sont suivies par un grand nombre de personnes. Nous ne pouvons que confirmer ce fait et renvoyer à ladite lettre qui explique la situation actuelle de Grenoux à l'égard de son école et démontre que la commune peut vivre sans le secours de son octroi.

La lettre dont il s'agit sera jointe comme annexe au présent procès-verbal. Elle répond suffisamment aux assertions de M. le commissaire concernant la commune de Grenoux.

Une seule est nouvelle. M. le Commissaire dit que les pauvres de cette commune sont nourris dans la ville. Il faut croire qu'apparemment la ville ne nourrit pas les siens, car ils sont tous les jours à nos portes. Ajoutons qu'une somme de 723 fr. 35 c., indépendamment de celle de 400 fr. pour le placement des malades à l'hôpital, figure aux budgets primitif et supplémentaire de Grenoux, exercice 1861, pour venir en aide aux malheureux ou pour secours au bureau de bienfaisance, et que cette somme est relativement plus considérable qu'aucune des allocations que la ville ait jamais portées à son budget dans le même but.

M. le commissaire-enquêteur pense que dans une mesure pareille à celle que la ville de Laval propose, l'intérêt général et l'intérêt privé doivent être conciliés de telle sorte que justice soit faite et que ni l'un ni l'autre ne soit sacrifié. Il croit avoir démontré qu'il en serait ainsi et que les charges nouvelles imposées aux annexés seraient loin d'être aussi considérables qu'on a voulu le faire croire. Il rappelle qu'il a établi que les parties rurales n'auraient rien à craindre de l'annexion et que même elles en bénéficieraient. Nous avons prouvé plus haut dans quelle erreur M. le commissaire est tombé à ce sujet. Nous allons montrer maintenant la valeur de ses affirmations, en ce qui touche les charges qui incomberaient aux portions annexées de la commune de Grenoux, considérées comme faisant partie d'une agglomération.

Un patentable de 1re classe, dont le droit fixe est de 35 fr. présentement, verrait ce droit s'élever à 120 fr. Si l'on ajoute à cette augmentation celle résultant des centimes additionnels dont le chiffre est de 48 c. par franc, le montant actuel de ladite contribution, qui est de 51 fr. 80 c., serait porté à 177 fr. 60 c. (1).

Il faut encore ajouter les charges suivantes :

L'imposition extraordinaire de 16 centimes dont la ville est grevée et qui frapperait toutes les propriétés ;

Une augmentation dans l'impôt des portes et fenêtres de 60 c. à 1 fr. 20 par ouverture, augmentation applicable à la catégorie la plus nombreuse des maisons ;

Une augmentation de la cote personnelle ;

Les droits d'octroi et ceux d'entrée sur les boissons.

Peut-on dire que toutes ces charges réunies ne sont pas considérables. Disons plutôt qu'elles sont écrasantes et qu'elles entraînent la ruine d'un certain nombre d'industries.

---

(1) C'est 198 fr. 97 c. qu'il faut dire, attendu que le chiffre des centimes additionnels est à Laval de 65 fr. 81 c. pour 100 et que le calcul a été établi sur les 48 c. applicables à Grenoux.

Le rapport de M. Dupuy constate que la totalité des droits d'octroi à acquitter par les habitants annexés des communes d'Avesnières, Grenoux et Changé, s'élèverait à 46,241 fr. Ajoutant à cette somme une augmentation d'impôts de 21,192 fr. que, d'après le même rapport, les communes auraient à payer au trésor, on atteint le chiffre énorme de 67,433 fr. à répartir sur un petit nombre d'habitants. Nous savons qu'une partie des charges de l'octroi serait supportée par des étrangers aux communes, mais cette atténuation fût-elle d'un quart de ladite somme de 46,241 fr., il resterait encore à payer par les communes une somme d'environ 56,000 fr. Ce chiffre démontre que nous n'exagérons rien lorsque nous soutenons que l'annexion est une cause de ruine pour un certain nombre d'habitants. L'intérêt de ces habitants se trouve donc sacrifié, contrairement aux principes de justice énoncés par M. le Commissaire-enquêteur qui veut que tous les intérêts soient conciliés.

D'autres personnes diront peut-être que l'on ne doit pas craindre de blesser les intérêts particuliers en présence de l'intérêt général. Mais il faut observer que le nombre des intérêts froissés serait grand dans l'espèce, et ne l'oublions pas, ce sont les intérêts privés réunis qui composent l'intérêt général.

Examinons en terminant si la mesure projetée par la ville de Laval présente un caractère d'utilité publique, si cette mesure est impérieusement commandée par une nécessité absolue.

Tous les motifs invoqués par la ville n'ont pu établir cette nécessité. Son intérêt particulier seul est en cause et ne saurait prévaloir contre l'intérêt opposé des localités. La demande est tout bonnement une question de convenances, convenances qui ne peuvent l'emporter sur les droits des communes, les droits les mieux reconnus de tous, les droits les plus sacrés : ceux de la propriété.

Aux chaleureuses sympathies de M. le Commissaire-enquêteur pour le projet, nous opposons l'avis contraire de l'un de ses prédécesseurs, l'honorable M. Garry-Sougé, qui, quoique habitant de Laval, n'hésita pas, à l'occasion d'un projet analogue présenté en 1844, à suivre ses inspirations consciencieuses, qui lui commandaient de protéger le faible contre le fort, le juste contre l'injuste.

Nous nous associons aux protestations unanimes des habitants et à celles du Conseil municipal contre l'envahissement projeté de la plus notable portion du territoire de Grenoux. Nous repoussons de tous nos efforts la demande de la ville de Laval qui a pour objet la suppression de cette commune, au mépris de tout droit et de toute justice.

Fait à Grenoux, le 31 janvier 1862.

Ont signé les membres de la Commission.

Pour copie conforme :

Le Maire de Grenoux,

PIEDNOIR.

POST-SCRIPTUM

AU RAPPORT

de la Commission du Conseil municipal de Grenoux.

La loi du 21 avril 1832 range dans la même catégorie et soumet au même tarif les portes cochères, charretières et *de magasins*. Nous avons donné, toutefois, dans notre travail qui précède, une interprétation trop étendue, en ce qui concerne cette dernière classe d'ouvertures. Il existe fort peu de magasins, proprement dits, dans le sens de la loi. Le plus grand nombre des ouvertures des locaux auxquels on applique la dénomination de magasins sont considérées comme devant de boutiques et comptent simplement comme trois ouvertures ordinaires. L'augmentation d'impôt que subiront les locataires pour leurs devantures sera seulement de 1 fr. 50 c, y compris les centimes additionnels généraux, départementaux et communaux. Celle qui sera supportée à raison des portes cochères, charretières et *de magasins* d'une certaine catégorie, s'élèvera, en tenant compte également des centimes additionnels de toute nature, à 6 fr. 33 c. pour chacune de ces ouvertures. Ce sera une lourde charge, car elle s'appliquera à 473 ouvertures existant actuellement à Laval, pour lesquelles il faudra payer en plus une somme de 2,994 fr. Mais cette charge n'atteindra point les locataires du plus grand nombre des locaux dits magasins, comme nous l'avions supposé d'après le texte de la loi.

Nous nous empressons d'ajouter à notre travail, actuellement imprimé, cette explication, désireux que nous sommes de n'apporter dans la question qui nous occupe que des éléments vrais qui peuvent servir à l'éclairer.

RÉPONSE

DE LA

COMMISSION DU CONSEIL MUNICIPAL D'AVESNIÈRES

AU MÉMOIRE

Sur le projet d'Annexion

DE LADITE COMMUNE

A LA VILLE DE LAVAL.

La commission nommée par le Conseil municipal d'Avesnières pour répondre au Mémoire sur l'annexion à la ville de Laval des communes limitrophes, avait préparé son travail; mais la commune de Grenoux, non moins gravement menacée dans son existence que celle d'Avesnières, ayant manifesté le désir de formuler aussi une réponse, les deux commissions ne pouvaient mieux faire que de s'entendre, afin d'éviter au moins les longueurs ou les redites. En conséquence, elles se sont réunies, et, après avoir coordonné leurs travaux, M. le rapporteur de la commune de Grenoux a bien voulu se charger de la tâche aussi difficile que délicate de discuter l'ensemble du Mémoire, en ce qui touche les intérêts généraux des quatre communes en cause. Nous n'aurons donc à nous occuper ici que des faits particuliers et spéciaux à la commune d'Avesnières.

L'auteur du Mémoire, après avoir exalté avec raison toutes les grandes choses faites par la ville de Laval *depuis 30 ans*, —par conséquent sans l'annexion,—s'efforce de rapetisser les communes limitrophes en établissant entre elles et le chef-lieu du département un parallèle inexact et nécessairement tout à l'avantage du dernier. La comparaison, qu'on nous permette de le dire, n'est ni généreuse, ni juste. La commune d'Avesnières n'a jamais eu l'orgueilleuse prétention d'égaler la ville de Laval, ou de lui être comparée même de loin. Le sort des ambitieux qui veulent se grossir outre mesure n'est point de son goût. Mais elle a la conscience d'avoir fait, dans la sphère modeste qui lui est assignée, autant et plus qu'aucune autre commune, et la Commission n'aura pas de peine à réfuter victorieusement les allégations qu'on a produites à cet égard.

« Qui ne connaît, dit le mémoire, les embarras financiers » de la commune d'Avesnières et les difficultés qu'elle ren- » contre. »

Voici des chiffres pour réponse.

Depuis *3 ans, — et non pas 30*, — Avesnières a construit un Presbytère qui est considéré comme l'un des plus beaux du diocèse, une École pour les garçons, une Salle d'asile pour les deux sexes, restauré son École de filles, la Chapelle du cimetière, sa Mairie et sa magnifique Église.

Elle a dépensé pour cela, il est vrai, des sommes importantes, et c'est là, sans doute, ce qui a induit en erreur ceux qui parlent de ses embarras financiers; mais qu'ils se rassurent sur son sort; ses finances sont en bon état, comme on va le voir.

Par décret en date du 28 janvier 1860, la commune a été autorisée à s'imposer extraordinairement, pendant 10 ans, 5 centimes au principal des 4 contributions, pour rembourser un emprunt de 14,500 fr. autorisé par le même décret, ci.................................. 14,500 fr.

Deux années s'étant écoulées, elle a encaissé le produit de l'imposition, soit. .... 2,500 fr.
En retranchant cette somme des 14,500 f., il reste donc dû................................ 12,000

Elle redoit encore quelques mille francs sur ses constructions. En portant le chiffre à 6,000 fr., il y a certainement exagération, soit........... 6,000

Total.............. 18,000 fr.

Mais si la commune doit, elle possède.

Elle a, en 3 p. 0/0 sur l'État, une rente annuelle de 1,224 fr., qui, capitalisée à 70, donne..... 28,560 fr.

Admettons qu'elle veuille liquider sa position; elle le peut en 24 heures, en vendant une partie de ses rentes, rembourse ses créanciers, et il lui reste disponible un capital de........... 10,560

Position magnifique, que tous les habitants de Laval lui envieront à bon droit.

La Commisson croit devoir répondre d'avance à une objection qui ne manquera pas d'être faite. Si la commune vend ses rentes, dira-t-on peut-être, elle ne pourra suffire à ses dépenses ordinaires. Erreur !

Supposons le cas le plus extrême, — l'annexion de la rue de Rivière.

Elle perd alors son octroi, soit.............	1,000 fr.
Elle vend partie de ses rentes, soit.........	800
Déficit.................	1,800 fr.

La perte de 1,800 fr. sur son budget est importante, sans doute; mais, en examinant attentivement, on trouve que depuis deux ans la commune a fait des dépenses considérables *qui ne se renouvelleront pas* et lui laisseront de grandes ressources. Ainsi elle a payé :

en 1860-1861	pour installation de la Mairie......	2,700
idem.	idem. des Classes.......	800
idem.	idem. de la Salle d'asile..	800
idem.	Émoluments à l'architecte.........	2,500
idem.	Chapelle du cimetière, fête du couronnement de la Sainte-Vierge, terrassements et plantations.......	3,500
idem.	Constructions neuves............	2,000
idem.	Achat de rentes au bureau de charité.	2,200
idem.	Subvention pour le square. (Cette somme est en caisse et attend l'ordonnancement)...	5,000
	Total.....................	19,500

C'est alors que l'on peut dire : Qui ne connaît l'état de ses finances ! Qui ne sait que, malgré toutes ses dépenses, tous ses grands travaux, la commune d'Avesnières n'a pas d'embarras financiers, et qu'au contraire elle possède des rentes sur l'état qui la placent bien au-dessus de communes plus importantes *très-endettées*!

« Qui ne connaît ses instances, dit l'auteur du Mémoire, « pour obtenir l'admission de ses malades dans les hospices « de Laval. »

De temps immémorial les malades d'Avesnières étaient admis aux hospices de Laval et la commune y avait des lits; elle a même la certitude, à cet égard, de pouvoir bientôt montrer ses titres, momentanément égarés.

Jusqu'en 1856, d'ailleurs, ses malades y ont été reçus. A cette époque seulement, des difficultés surgirent, peut-être en vue de l'annexion. M. le Préfet et l'administration municipale de Laval exigèrent leur expulsion, malgré l'avis favorable de la Commission administrative des hospices, qui reconnaissait que la mesure n'était pas fondée; car elle savait que *des legs importants*, qu'il serait facile de faire connaître, avaient été faits sans conditions, et qu'il en eût été autrement si ses malades n'avaient pas été admis gratuitement. Depuis, des lits ont été fondés *en sa faveur* et nous avons connaissance que d'autres personnes veulent en faire autant.

Si l'auteur du mémoire veut faire allusion à une demande adressée l'an dernier au Conseil général, nous lui répondrons que cette demande avait été conseillée, par ce motif que les 9/10es des pauvres d'Avesnières viennent de toutes les contrées du département se réfugier dans cette commune.

« Qui ne connaît ses efforts pour parvenir à la restauration » intérieure de sa magnifique Église. »

Si l'Église d'Avesnières appartient à la commune, comme monument, elle appartient, comme lieu de pieuse vénération, à tous les habitants du pays. Rappelons-nous donc cette imposante cérémonie où naguère tant d'illustres Prélats, répondant à l'invitation du vénérable Pontife de Laval, étaient si heureux de se trouver au milieu de la bonne population de la Mayenne.

Qui donc, pendant les huit jours qui ont suivi cette fête plus que magnifique, n'a admiré ces pieuses phalanges accourant de points très-éloignés, Pasteurs et Maires en tête, et apportant leur obole ?

Si la restauration intérieure, sous la *généreuse* et habile direction de M. Renous, architecte du département, a coûté au digne et regrettable curé Pinçon, ainsi qu'aux administrateurs de la commune, de grands efforts, personne ne peut nier les résultats obtenus ; et c'est avec bonheur que la Commission a rencontré dans le nouveau curé, M. J Plot, la même ardeur, le même zèle à poursuivre l'œuvre commencée et pour laquelle déjà des fonds sont disponibles.

L'Administration municipale avait reçu du Conseil général une allocation de 500 fr., et d'après le bienveillant avis de son honorable Président elle avait adressé une nouvelle demande, espérant obtenir une subvention accordée annuellement à Évron. Elle renouvellera cette année encore sa supplique, persuadée que ses efforts doivent continuer, et bien convaincue que personne ne l'en blâmera.

« Qui ne sait, ajoute-t-on, les secours et les subventions » qu'elle a obtenus des habitants de Laval et même du « Conseil municipal de cette ville. »

La Commission est heureuse de remercier ici les habitants de Laval de leur généreux concours ; mais enfin n'a-t-on pas fait des quêtes, ouvert des souscriptions dans tout le diocèse pour le Séminaire, pour la Cathédrale ? Il y a quelques jours ne tirait-on pas une loterie pour aider à la restauration de l'Église de Notre-Dame de Laval? Tout le monde connaît les efforts du pieux curé et de son respectable prédécesseur ; on sait combien ils ont rencontré de difficultés ! Peut-on les en blâmer ? au contraire. Eh bien ! donc, pourquoi faire un grief à Avesnières de ce qui mérite des éloges à Laval.

On ajoute : « quels que soient son dévouement et son habileté, » l'administration d'Avesnières sera toujours entravée par » l'insuffisance de ressources ; elle ne subviendra qu'à grande » peine aux besoins qui l'assiègent ; elle n'exécutera jamais « les travaux que commande sa situation. »

Il a été dit déjà que la commune avait fait depuis peu d'années des dépenses considérables, eu égard à son importance. Il est utile de les faire connaître.

La première construction a été celle d'une école pour les filles ; elle est dirigée par quatre sœurs et reçoit 180 enfants, ci.................................. 20,000 fr.

En 1853, secours *extraordinaires* aux pauvres	6,600
En 1854, réparations à l'église..........	2,400
En 1856, secours *extraordinaires* aux pauvres	7,012
— acquisition de maison et terrain pour la construction d'un presbytère et d'une école de garçons........................	15,000
En 1859, acquisition d'un terrain pour la salle d'asile.................	1,800
— construction de ladite salle.....	14,000
— Idem d'un presbytère.........	28,000
— Idem d'une école pour les garçons	14,000
— honoraires de l'architecte.......	2,500
En 1859, restauration de la chapelle du cimetière, etc...............	3,000
— restauration de l'église.........	30,000
A reporter...............	144,312

Report.................	144,312
En 1859, restauration de la mairie........	3,000
— installation des classes, de la mairie et de la salle d'asile.........	4,300
Total...........	151,612 fr.

A ce chiffre énorme de 151,612 fr., on pourrait ajouter beaucoup d'autres dépenses : la Commission n'a pas voulu entrer dans les détails. Malgré cela, les services ordinaires ont été très-largement dotés et les chemins parfaitement entretenus.

Par le bilan précédemment donné, on a vu que la commune pouvait en vingt-quatre heures liquider toutes ses dettes, même son emprunt, et qu'il lui restait un excédant de 10,560 fr. à placer en rentes sur l'Etat. Or, quelle est la personne de bonne foi qui peut dire que la commune est sans ressources ?

Une chose surprend dans l'exposé des motifs articulés contre la commune d'Avesnières.

« Elle n'exécutera jamais, dit-on, les travaux que commande sa situation. » Ne pourrait-on pas en dire autant de la ville de Laval ? Si l'administration municipale était obligée de faire immédiatement tous les travaux que commande sa situation, le pourrait-elle ? Non. Qui donc oserait lui en faire reproche ? N'est-elle pas obligée, *comme toutes les autres*, de faire la part des circonstances, de céder à l'urgence ? Une preuve, entre autres. Elle trouve au budget une somme affectée au dégagement de l'église Saint-Vénérand. Il se présente un travail urgent, elle fait un virement de fonds et ajourne l'exécution du projet. Est-ce un crime ? Non, ce n'est qu'un retard forcé. Eh bien ! pour Avesnières, la question d'annexion a retardé l'exécution de plusieurs travaux utiles, soit dans l'intérêt local, soit dans l'intérêt général. Qu'une solution arrive promptement, et elle se mettra immédiatement à l'œuvre ; elle saura, quoi qu'on dise, trouver des ressources. Le passé répond de l'avenir.

« Après l'annexion, dit le Mémoire, les rues d'Avesnières « seront entretenues, pavées, éclairées et protégées par une « active et vigilante police. »

La réponse est facile. Tous les habitants de Laval peuvent faire la comparaison avec les rues de la ville (sauf celles du centre), et cette comparaison sera favorable à Avesnières. Pour la police, qu'on interroge M. le commissaire. Il disait, il y a peu de jours, qu'il ne s'occupait pas d'Avesnières, dont la police locale était parfaitement faite. Les rues du bourg sont très-bien éclairées ; mais il est situé à une telle distance de Laval que l'auteur du Mémoire ne l'a sans doute pas parcouru le soir : de là son erreur.

On lit ensuite : « Les écoles et salles d'asile seront ou- « vertes aux communes annexées. »

Les écoles et la salle d'asile d'Avesnières comptent plus de 400 enfants ; elles sont nouvellement construites *et ne redoutent aucune comparaison*, tant pour l'extérieur que pour le confort intérieur. Est-il supposable que les enfants les abandonnent pour aller au loin chercher ce qu'ils ont à leur porte. La réponse est toute faite : Non.

« Les malades, les vieillards et les pauvres, si nombreux « à Avesnières, seront admis aux hospices et aux bureaux « de bienfaisance de la ville. »

Les pauvres, si nombreux à Avesnières, sont venus et viennent de toutes les parties du département, y compris Laval. Qu'on les interroge, et on recevra cette réponse uniforme : Il fait si bon à Avesnières, que nous sommes venus y demeurer. Si on leur fait observer qu'ils seraient mieux à Laval, où ils auraient droit aux hospices, aux secours du bureau de bienfaisance, ils répondent encore : Quand les malades d'Avesnières demandent un billet d'hôpital, ils en ont de suite et ne sont jamais refusés. Une simple preuve par des chiffres. Les fonds votés par le Conseil municipal, pour l'admission des malades de la commune aux hospices de Laval, ont été, pour les cinq années, de 1857 à 1861, de .... 12,949 f.

La dépense pour les journées payées aux hospices 10,205

Il est donc resté un excédant disponible de.... 2,744

qui a permis des secours à domicile.

Le bureau de bienfaisance, créé par arrêté de M. le Préfet, en date du 27 février 1847, possédait alors une seule rente de 63 fr.

En 1860, il disposait de................. 701 fr.

En 1861, *la commune* achetait 100 fr. de rentes, ci.............................. 100

En 1861, feu M. Pinçon lui léguait........ 400

Soit.................... 1,200

Chaque année on porte au budget des sommes importantes, qui, réunies aux subventions de l'Etat, et aux dons particuliers, font un chiffre assez élevé. Nous avons vu que la commune s'est imposée, en 1853 et 1856, 13,612 fr. Aussi les pauvres qui arrivent à Avesnières et à qui l'on parle des secours qu'ils trouveraient à Laval, vous répondent : Nous aimons mieux veuir chez vous, où il suffit d'être malheureux pour être admis au bureau de charité, tandis qu'à Laval il faut *dix années de domicile*.

Est-il surprenant alors que les pauvres soient si nombreux à Avesnières ?

« Le bourg d'Avesnières, qui, de ce côté, n'avait pas de « débouchés, se trouve relié par une magnifique voie de « communication ; de grandes maisons de commerce, des « ateliers, des fabriques s'établissent en dehors de Laval, « et ce mouvement d'émigration, depuis longtemps com- « mencé, tend à s'augmenter chaque jour. »

Sur des étrangers, cette phrase fera grand effet ; mais sur les habitants de Laval elle produira le résultat contraire.

Il est connu de tout le monde que les maisons Griveau-Chevrie, Gontier, Outin, etc., sont séculaires dans la commune ; que, depuis plus de dix ans, pas un atelier ou fabrique n'a été créé, et que, pour être vrai, il faut dire tout le contraire du Mémoire, puisqu'il y a dix ans la fabrique comptait à Avesnières *dix-neuf maisons*, et qu'aujourd'hui elle n'en compte plus que onze. Elle en a donc perdu *huit*, presque la moitié. Et l'on *ose* dire : « Des fabriques s'éta- « blissent en dehors de Laval, et ce mouvement d'émigra- « tion, depuis longtemps commencé, tend à s'augmenter « chaque jour. » Oh? vérité, où donc es-tu ?

La seule émigration qui ait lieu est celle de la population malheureuse.

Naguère, quand la ville détruisit toutes les misérables huttes qui se trouvaient sur le terrain de la rue d'Ernée, plus de trente ménages sont venus habiter à Avesnières, dont pas un seul n'a pu être imposé à la cote personnelle. Voilà la vraie émigration industrielle, et nous sommes les premiers à désirer que la ville puisse la conserver.

On avoue que les charges seront très-lourdes ; « mais « l'industrie, prétend-on, n'éprouvera pas de préjudice, « car elle élèvera le prix de ses produits et cette augmen- « tation tout entière sera payée par les acheteurs. »

La pensée dominante, l'aveu forcé se retrouve toujours : payer, payer. Ainsi, pour le commerçant, ce sera l'acheteur qui paiera ; pour les pensions, les pensionnaires ; pour les cabarets, les buveurs, etc., etc. Le résumé, c'est payer.

On prétend aussi que les habitants d'Avesnières se trouvent sur les mêmes marchés, dans les mêmes rues. On devrait ajouter : dans les mêmes magasins ; car ils apportent à la ville le fruit de leurs épargnes et aident ainsi à son bien-être. N'en est-il pas de même pour les autres communes : Saint-Berthevin, Montigné, L'Huisserie, Changé, etc. Les commerçants de Laval s'en plaignent-ils? Au contraire, combien n'ont pas d'autre clientèle !

En voyant le chiffre de 498 fr., comme représentant l'augmentation sur les patentes, la Commission a fait le travail qui suit. Elle a pris les patentés qui seront enclavés dans le rayon de l'octroi, d'après la ligne indiquée par le préposé en chef, non compris les patentés de la catégorie C.

Encore une erreur de l'auteur du Mémoire, qui mettait les communes de Grenoux et d'Avesnières dans la même classe. Voici le tableau rectifié.

La commune compte 180 patentés, dont 106 subiront l'augmentation.

CLASSE.	Aujourd'hui.	Après L'ANNEXION.	Augmentation.	CENTIMES omis.	TOTAL par classe.	Nombre de patentes.	RÉSULTAT.
1re	45 fr.	120 fr.	75 fr.	49 fr. 36	124 fr. 36	3 1/2	435 fr. 26
2e	30	60	»	» »	» »	»	» »
3e	22	40	18	11 85	29 85	1 1/2	44 77
4e	18	30	12	7 90	19 90	13 1/2	268 65
5e	9	20	11	7 24	18 24	17	310 08
6e	6	16	10	6 58	16 58	49 1/2	820 71
7e	4	8	4	2 63	6 63	24 1/2	162 44
8e	3	6	3	1 97	4 97	8	17 40
							2,059 31
					Otez............		498 »
					Reste une différence de..........		1,561 31

Pour Grenoux elle serait bien plus considérable, en proportion, cette commune étant d'une classe inférieure.

« Le quai de l'Impératrice se couvre de constructions et « bientôt sur les terrains de la rue de Rivière vont se former « de nouvelles et nombreuses entreprises. » Ainsi s'exprime le Mémoire.

Le quai de l'Impératrice, depuis le chemin de Hydouse jusqu'au bourg, compte *sept* maisons : le reste du terrain appartient à la communauté du Sacré-Cœur, qui ne vendra à aucun prix.

De Hydouse à Laval, l'ancien quai et la rue de Rivière pourront, en effet, se couvrir de constructions ; mais si, par échange ou tout autre moyen, cette portion était annexée à Laval, les « nouvelles et nombreuses entreprises » appartiendraient à la ville, et Avesnières ne conserverait que les quelques maisons et la partie non bâtie, qui *isolera toujours* le bourg de la ville.

On a dit aussi que la population d'Avesnières (rue de Rivière, quai et grand chemin), soumise à l'octroi, était de six à sept cents personnes. C'est une erreur ; elle est de 209, qui, retranchées de sa population fixe, lui laissent encore 3,095 habitants.

« Dans un rapport très-remarquable, dit le Mémoire, et « qui dénote une *connaissance parfaite de la question*, M. le « juge de paix, commissaire aux enquêtes, a émis une opi- « nion favorable à l'annexion. »

La Commission aurait été heureuse de pouvoir le lire, ce rapport si remarquable ; mais il en a été de cette pièce comme de tant d'autres : elle est introuvable. La lettre *textuelle* qui suit en est la preuve.

Monsieur le Maire,

Depuis longtemps j'avais remis toutes les pièces concernant l'annexion à la Préfecture (bureau de M. Masson); aussi, à la réception de votre lettre et dans l'impossibilité où je me trouvais de faire droit à votre demande, je me suis rendu près de M. Masson. Là, j'ai appris que tout était à la Mairie de la ville. Je m'y suis transporté et j'ai fait part à M. Vigneron de la demande qui m'était adressée. Celui-ci m'a promis de la communiquer à M. le Maire, qui sera chargé de vous transmettre le procès-verbal d'enquête en question, si mieux vous ne préférez aller le réclamer vous-même; en prenant cette voie, vous auriez peut-être plus promptement les pièces dont vous avez besoin.

En tout cas, M. Vigneron m'a promis de communiquer votre demande à M. le Maire. Si donc vous ne recevez pas de réponse ces jours, il vous faudra nécessairement vous adresser à la Mairie.

Agréez, etc.

Le juge de paix du canton Est de Laval,

Signé : LERAY-PRAIRIE.

11 avril 1862.

Aujourd'hui 11 mai, nous n'avons encore rien reçu et ne pouvons répondre qu'aux allégations relatées dans le Mémoire.

On y lit que les habitants de la partie rurale d'Avesnières verront diminuer leurs charges, étant dégrevés des journées de prestation et que Laval a moins de centimes additionnels qu'Avesnières.

Ces allégations sont erronées.

Les documents *officiels* en font foi : Avesnières n'a pas et n'a jamais eu de journées de prestation, et on a vu plus haut, par les détails fournis sur la position financière de la commune, quel était le chiffre réel de ses centimes additionnels. Or, quand M le Commissaire aux enquêtes écrit que la commune est grevée *à l'extrême*, il commet plus qu'une erreur, puisque, dans une conversation assez longue avec le Maire, ce dernier lui avait fait connaître exactement les charges et les ressources de sa commune. Si M. le Commissaire doutait, *il devait vérifier* budget en main.

On dit encore que le même rapport parle d'agitation extrême dans la population.

L'agitation était une chimère. Cependant M. le Commissaire aux enquêtes arrivait à Avesnières, le dimanche 8 décembre 1861, escorté de deux agents de police de Laval, qui n'ont cessé toute la journée de faire les cent pas devant la Mairie. Le lendemain, le même cérémonial avait lieu. Aussi, le soir, M. le Maire s'empressait-il de faire constater par les agents de police que M. le Commissaire-enquêteur leur était rendu sain et sauf.

Eh bien ! pour tout homme de bonne foi, n'était-ce pas là, jusqu'à un certain point, faire injure aux habitants et à l'administration municipale d'Avesnières, ainsi qu'aux très-honorables personnes de Laval qui venaient protester à l'enquête d'Avesnières, parce qu'elles n'avaient pas eu connaissance de celle de Laval. Nous en appelons au besoin à la loyauté des membres du *Conseil municipal de Laval* qui sont venus protester aussi à Avesnières.

Voilà les agitations. Nous protestons, nous, contre les insinuations du rapport.

M. le Commissaire aux enquêtes prétend encore, toujours selon le Mémoire, que la limite du Sacré-Cœur et du chemin de Hydouse présenterait « les plus graves inconvénients, les « plus singulières anomalies. »

C'est à n'en pas croire ses yeux, en lisant ces lignes ! Le fait existe de temps immémorial. Depuis Hydouse, en descendant, le côté gauche (la Perrine), appartient à Laval, le côté droit à Avesnières ; et jamais il ne s'est produit, que nous sachions, *le plus petit inconvénient*. Il faut convenir que M. le Commissaire n'est pas heureux dans les citations que le Mémoire fait de son travail : pas une qui ne soit inexacte. Aussi regrettons-nous d'autant plus vivement de n'avoir pas sous les yeux ce rapport si remarquable, et qui, selon nous, dénote un examen très-insuffisant de la question.

« Le quai de l'Impératrice, bien entretenu sur le terri- « toire de Laval, le sera moins bien peut-être sur le terri- « toire d'Avesnières : éclairé au gaz jusqu'au Sacré-Cœur, « il restera dans l'obscurité au-delà. »

Il est au moins étonnant que l'auteur du Mémoire ait oublié que, pour les voies ouvertes par l'Etat, l'entretien reste à la charge de ce dernier. Donc la comparaison porte à faux ; dès-lors pourquoi la mettre en évidence, si ce n'est pour produire de l'effet.

Quant à la question d'éclairage, la réponse est facile à faire ; c'est M. le directeur de l'usine à gaz qui va la faire lui-même.

Il écrit le 17 avril 1862 :

Monsieur le Maire d'Avesnières,

C'est au commencement de l'année 1860 que vous m'avez parlé de l'éclairage du quai. Plusieurs fois depuis, notamment au mois de novembre dernier, vous m'en avez entretenu.

Au mois d'*octobre 1860,* M. Stears, propriétaire de l'usine, à qui j'en avais écrit, vint à Laval et visita avec vous le quai neuf que vous désiriez faire éclairer par le gaz. Il prenait à sa charge les frais de canalisation, sous certaines conditions. J'avais été chargé de faire un devis de ce travail ; les projets d'annexion m'en ont empêché.

Signé : VAILLANT.

M. le rapporteur voit donc que le quai *serait déjà éclairé*, sans les projets d'annexion.

« Il nous est appris, dit-il dans un autre endroit, qu'en 1856, l'administration municipale d'Avesnières n'hésitait « pas à déclarer qu'il valait mieux supprimer la commune « que de lui enlever la rue de Rivière, et on nous assure « que c'est sur cette *déclaration formelle* que fut prise la « délibération du Conseil municipal. »

On comprendra ici la réserve qui nous est commandée. Paix et respect à ceux qui ne sont plus. Notre réponse est d'autant plus embarrassante que les faits dont nous voulons parler se sont passés entre les deux Maires.

Voici ce dont il s'agit :

En 1856, de sérieuses discussions avaient lieu, comme il a été dit déjà, au sujet de l'admission des malades à l'hôpital, pour lesquels la commune prévoyait des dépenses considérables, dépenses combinées en vue de l'annexion qui, supprimant en même temps une resssource importante (l'octroi de la rue de Rivière), pouvait mettre momentanément la commune dans l'embarras. C'est alors que M. le Maire d'Avesnières, semblable au malade à qui l'on veut couper un membre et qui s'écrie : J'aime mieux mourir! s'écria de même : Que ne prenez-vous tout!

Telle fut ce qu'on appelle la *déclaration formelle!*

Mal comprise sans doute, cette exclamation fut prise au sérieux et un vote s'ensuivit. Mais, peu de jours après, dans une conversation à propos de l'annexion, quelques membres du Conseil municipal de Laval ayant rappelé cette circonstance au Maire d'Avesnières, celui-ci rétablit les faits dans leur simplicité, et immédiatement le projet fut enfoui dans les cartons pour n'en sortir qu'en 1860. Le Conseil municipal n'était plus le même.

L'auteur du Mémoire a écrit qu'il était inutile de dire pourquoi l'ancien Conseil, après avoir voté l'annexion, en 1856, ne s'en était plus occupé après. Nous venons de le faire connaître.

L'auteur du Mémoire, en s'adressant aux ouvriers, aux pauvres d'Avesnières et de Grenoux, leur ouvre toutes grandes les portes des hospices, des écoles, des salles d'asile, du bureau de bienfaisance de Laval, etc. A l'entendre, l'annexion leur procurera le bonheur.

En s'adressant à ceux de Laval, au contraire, son langage est tout autre. « Est-ce justice que les tisserands et tous les « ouvriers de Laval paient des droits d'octroi, alors que « ceux des communes voisines, travaillant pour les mêmes « patrons et dans les mêmes ateliers, en sont affranchis ! »

Ce qui veut dire : Voyez combien ces ouvriers, ces tisserands sont plus heureux que vous ?

De pareilles contradictions sont nombreuses dans le Mémoire, et celle-ci, malheureusement, ne sert qu'à exciter l'envie des uns contre les autres. Mais quelle serait la vérité, si l'annexion avait lieu ? C'est que les pauvres, que l'on dit si nombreux à Avesnières et à Grenoux, *viendraient partager avec ceux de Laval*, et alors la part de chacun deviendrait bien petite.

On tient le même langage aux commerçants et aux industriels de Laval. Vos concurrents des communes voisines, leur crie-t-on, sont affranchis des droits.

Si les commerçants de Laval trouvaient avantage à demeurer à Avesnières, ils s'y rendraient certainement; ce n'est pas l'éloignement qui fait obstacle. Mais, dans ce cas, nous aussi nous pourrions dire : est-ce justice qu'un habitant des parties extrêmes des communes paie les mêmes droits que ceux du centre de la ville ?

En définitive, on a beaucoup vanté les avantages que procurera l'annexion. Le vrai résultat sera de payer tout plus cher.

En ouvrant le Mémoire, la première chose qui frappe, qui étonne, c'est de lire :

« Au début de ses travaux, la commission a constaté que « la mesure soumise à son examen avait divisé les meilleurs « esprits ; on a vu les hommes les plus honorables, les plus « distingués par l'intelligence et le savoir, formuler « d'énergiques protestations. »

Si de bons esprits, des hommes distingués par leur savoir et leur intelligence, des hommes honorables, enfin, font d'énergiques protestations, la question de l'annexion n'est donc pas aussi simple et les avantages tant prônés n'en sont donc pas aussi palpables qu'on le prétend ! Pourquoi alors vouloir précipiter la conclusion d'une aussi grave affaire ? Pourquoi ne pas laisser à ces bons esprits, à ces hommes honorables le temps d'examiner, de discuter cette question, surtout si l'on ne craint pas la lumière. Certes, on ne le niera pas, la mesure qui nous occupe est loin de réunir toutes les sympathies. La population la repousse, et elle n'a pu jusqu'à ce jour recevoir l'approbation de l'assemblée municipale.

En effet, que s'est-il passé récemment ? Le Conseil municipal avait nommé une Commission de six membres ; un rapport est fait en son nom et cependant *cinq* d'entre eux le repoussent ou refusent de l'approuver.

Plus tard, dans une réunion du Conseil municipal et des plus imposés, convoqués en nombre égal, une nouvelle Commission composée de *huit* membres, dont quatre choisis parmi les plus imposés et quatre parmi les conseillers municipaux, est chargée de faire un nouveau rapport. Ce rapport paraît sans signature et il n'est soutenu que par *deux* membres.

Voilà donc la *division dans les meilleurs esprits bien constatée!* Que serait-ce donc si on disait à l'administration municipale : Vous nous annoncez de belles recettes, et nous voulons bien ne pas contester vos chiffres ; mais présentez-nous un budget complet : nous ne voulons pas agir à la légère. Nul doute que tous les esprits maintenant divisés ne se réunissent alors......contre l'annexion. (1)

En terminant son travail, la Commission croit devoir en faire un résumé.

Par dépêche du 23 novembre 1861, M. le Préfet, sur la demande d'*urgence* de M. le Maire de Laval, annonçait l'envoi des pièces et plan nécessaires pour procéder aux enquêtes sur l'annexion. Huit des pièces annoncées n'ayant pas été envoyées, M. le Maire en donna avis, et quelques jours après il en recevait *deux* : les six autres n'ont jamais été communiquées ; elles sont restées à la Mairie de Laval. D'un autre côté, on a vu, par la lettre de M. le Commissaire aux enquêtes, page 73, que son rapport avait été adressé à la Mairie de Laval, où il est également resté. Or, on nous devait toutes ces pièces. Nous constatons leur absence et

(1) L'idée d'étendre démesurément la commune de Laval n'est point absolumentneuve. Déjà, dans sa séance du 19 avril 1791, les membres du directoire du département, sans raison bien fondée, avaient reculé les limites de la ville de manière à englober une partie des communes d'Avesnières, L'Huisserie, Saint-Berthevin, Grenoux, Changé et Bonchamp. Mais, douze ans plus tard, reconnaissant l'inconséquence de la mesure, une nouvelle administration municipale, assurément mieux inspirée, fit rentrer la ville dans ses anciennes limites.

protestons afin que, dans le cas où la question serait soumise aux grands corps de l'Etat, ils puissent apprécier les illégalités commises à notre égard.

Quant au Mémoire publié et distribué partout, l'administration municipale de Laval n'a pas jugé convenable d'en adresser *un seul* exemplaire aux habitants des communes dont elle veut faire ses administrés, et pour y répondre, nous avons dû avoir recours à l'obligeance d'un débitant de Laval qui en avait reçu *deux*.

Nous ne commentons pas, nous constatons des faits.

Nous avons signalé une erreur énorme sur les patentes, page 71. Nous trouvons 2,059 fr. 31 au lieu de 498 fr.

On a vu aussi que, sur le chiffre de 11,306 fr. déclaré comme authentique, il y avait *omission* des centimes généraux, départementaux et communaux, et que le chiffre vrai était de 18,833 fr.

Après avoir mis sous les yeux du lecteur les dépenses faites par la commune d'Avesnières (page 65), nous avons donné le résumé de sa situation financière. M. le Commissaire-enquêteur en avait fait un triste tableau; il lui avait prêté des journées de prestation, de nombreux centimes additionnels, etc.; enfin, selon lui, elle était grevée à l'extrême.

La Commission a répondu comme elle le devait à ces allégations, et s'il lui a été pénible de contredire un peu vivement M. le Commissaire-enquêteur, on voudra bien ne pas oublier que l'administration municipale de la commune avait été mise par lui en suspicion. La Commission est heureuse d'avoir eu l'occasion de rendre justice à qui de droit : ce sentiment sera partagé par tous.

En parlant de l'augmentation des portes et fenêtres à Laval, l'auteur du Mémoire n'en a cité qu'une partie. Il a omis les portes cochères, charretières et de magasins.

Citons encore un exemple.

Un ouvrier subira l'*augmentation* qui suit :

	D'après le Mémoire.	D'après nous.
Imposition personnelle et mobilière, s'il a quelques ressources personnelles......	» 90	0 90
Portes et fenêtres, en supposant une habitation de quatre ouvertures........	2 40	2 40
Total...........	3 30	3 30
Centimes omis..............		1 60
Octroi omis................		10 »
Total............		14 90

Mais il est présumable que le chiffre de l'octroi sera au moins de 4 fr. par personne, au lieu de 2 fr., chiffre que le Mémoire attribue à tout individu, même le plus malheureux ; alors ce ne serait plus un total de 14 fr. 90, mais de 24 fr. 90, ce qui est bien loin de 3 fr. 30.

Nous avons vu, page 25, l'augmentation des charges ; nous appuyons sur ce mot, car ce sera augmentation sur ce que l'on paie déjà. On nous a dit, comme consolation, que toutes ces charges n'auront lieu, pour partie, qu'en 1868 et même 1876. Nous renvoyons à cet égard le lecteur à l'article 13 de l'instruction générale en date du 30 août 1858, sur les patentes, et il sera convaincu que ce ne sera pas seulement en 1876, mais bien dès l'année qui suivra l'annexion, que la loi sera appliquée. La différence est grande.

Les administrations municipales de Grenoux et d'Avesnières, par lettre en date du 4 avril dernier, avaient prié l'assemblée des plus imposés et du Conseil municipal de Laval de vouloir bien ajourner la discussion et le vote sur l'annexion, afin de pouvoir signaler des erreurs qu'un premier examen leur avait fait reconnaître dans le Mémoire.

La demande d'ajournement de MM. les Maires se trouve donc suffisamment justifiée, et l'assemblée ne pourra regretter d'y avoir fait droit.

La Commission, en terminant son travail, a besoin de déclarer qu'elle a écrit ce rapport sans aucune arrière-pensée, comme sans intention de blesser les personnes. Elle a été forcée de constater des faits, de signaler des erreurs et des omissions qui, sans doute, eussent été bien plus nombreuses si elle avait eu à sa disposition les pièces qu'elle réclamait. Et ces erreurs sont d'autant plus regrettables, qu'elles ont été répétées dans trois rapports, et présentées par des hommes dont la haute position inspirait plus de confiance. Sa mission assurément était pénible; mais elle avait l'obligation d'éclairer ses concitoyens. Elle l'a fait avec la conscience calme du devoir accompli, suivant la maxime : *Fais ce que dois, advienne que pourra.*

Pour copie conforme :

Le Maire d'Avesnières,

J. CHAMARET.

www.ingramcontent.com/pod-product-compliance
Ingram Content Group UK Ltd.
Pitfield, Milton Keynes, MK11 3LW, UK
UKHW031050260726
13965UKWH00006B/1329

9 782013 043090